Imunidade com sabor

ANDRÉ BOCCATO
E DR. ALEXANDER LUIZ GOMES DE AZEVEDO

◆

Imunidade com sabor

Um cardápio cheio de vitalidade para o fortalecimento do sistema imunológico

DIRETOR-PRESIDENTE:
Jorge Yunes

GERENTE EDITORIAL:
Luiza Del Monaco

EDIÇÃO:
Ricardo Lelis

ASSISTÊNCIA EDITORIAL:
Júlia Tourinho

SUPORTE EDITORIAL:
Juliana Bojczuk

PREPARAÇÃO DE TEXTO:
Bia Nunes de Sousa

REVISÃO:
Augusto Iriarte e Maria Claudia Gavioli

COORDENAÇÃO DE ARTE:
Juliana Ida

DESIGNER:
Valquíria Palma

ASSISTENTES DE ARTE:
Daniel Mascellani, Vitor Castrillo

ANALISTA DE MARKETING:
Michelle Henriques

ASSISTENTE DE MARKETING:
Heila Lima

PROJETO GRÁFICO DE CAPA E MIOLO:
Natália Tudrey (Balão Editorial)

© 2021, Editora Nacional
© 2021, André Boccato e Dr. Alexander Luiz Gomes de Azevedo

Todos os direitos reservados. Nenhuma parte desta obra pode ser reproduzida ou transmitida por qualquer forma ou meio eletrônico, inclusive fotocópia, gravação ou sistema de armazenagem e recuperação de informação sem o prévio e expresso consentimento da editora.

1ª edição – São Paulo

Este livro é uma obra de consulta. O conteúdo apresentado visa servir de complemento para uma alimentação saudável, e não substitui as orientações de nutricionistas, nutrólogos e demais profissionais da saúde.

CRÉDITOS DAS IMAGENS:
Cristiano Lopes (receitas)
Shutterstock (imagens das pgs. 16 à 28)

DADOS INTERNACIONAIS DE CATALOGAÇÃO
NA PUBLICAÇÃO (CIP) DE ACORDO COM ISBD

B664i
    Boccato, André
        Imunidade com sabor / André Boccato, Dr. Alexander Luiz Gomes de Azevedo. – São Paulo, SP: Editora Nacional, 2021.
        200 p. ; 16cm x 21cm.

    ISBN 978-85-04-02182-0

    1. Saúde. 2. Alimentação. 3. Imunidade. I. Gomes de Azevedo, Dr. Alexander Luiz. II. Título.

2021-16   CDD: 614
                                                                               CDU: 613.2

Elaborado por Vagner Rodolfo da Silva - CRB-8/9410

Índice para catálogo sistemático:
1. Alimentação saudável 614
2. Alimentação saudável 613.2

NACIONAL

EDITORA AFILIADA

Rua Gomes de Carvalho, 1306, 11º andar – Vila Olímpia
São Paulo – SP – 04547-005 – Brasil – Tel.: (11) 2799-7799
www.editoranacional.com.br – atendimento@grupoibep.com.br

DEIXE QUE A ALIMENTAÇÃO SEJA
O SEU REMÉDIO E O REMÉDIO,
A SUA ALIMENTAÇÃO.

HIPÓCRATES

◆ SUMÁRIO ◆

PREFÁCIO A ESTA EDIÇÃO   9
INTRODUÇÃO   11

PEIXES   33
CARNES   55
AVES   97
MASSAS   131
VEGETARIANAS   149

ALIMENTOS FUNCIONAIS E SUPERALIMENTOS   179
ÍNDICE ALFABÉTICO   191
ÍNDICE POR TIPO DE PRATO   195
AGRADECIMENTOS   199

◆ PREFÁCIO A ESTA EDIÇÃO ◆

Escrevo este texto em uma primavera cheia de esperanças. Estamos ainda em plena pandemia de coronavírus, que gera a Covid-19. E essa será, ao longo deste livro, a única vez que serão mencionados. Espero fortemente que, quando você estiver lendo, esse vírus já esteja derrotado – ou quase isso – ou passível de ser devidamente evitado. Aliás, evitar adoecer por causa de invasores como um vírus, seja qual for, é o nosso objetivo, pois eles serão sempre inimigos da humanidade. Nesse sentido, fortalecer a imunidade é o melhor escudo, e a alimentação é o melhor caminho, pois, como dizia minha avó, comida boa é o melhor dos remédios.

Lembrando ainda minha avó, ela também dizia: "Filho, caminhe por onde você fala". Isto é, seja testemunha do seu discurso. Assim, em março de 2020, escrevi este livro e o encaminhei ao dr. Alex, nosso parceiro médico, para sua revisão. Teoricamente, estava pronto para ser lançado ainda em plena pandemia. Mas, pensei, e se eu "pegar" o vírus? Não seria melhor que o livro fizesse uma quarentena? Ou passasse por um período de teste, como fazem com as vacinas?

Não posso atestar cientificamente que uma boa alimentação e estilo de vida saudável funcionem como uma vacina, mas afirmo que, depois de meses de pandemia, ainda estou firme e forte, com muita saúde, sem pegar nem uma gripe sequer. Aos 67 anos, sigo me preparando para correr outra maratona no próximo ano (já corri mais de dez, cada uma com seus 42 quilômetros). Este livro é o meu testemunho sincero, como atleta, corredor e cozinheiro, da minha escolha pelo caminho saudável.

Há uma frase antológica do grego Hipócrates, o pai da Medicina: "Deixe que o alimento seja o seu remédio e que o remédio seja a sua alimentação". Existem aqui as questões semânticas: os laboratórios farmacêuticos – com razão – detestam o termo "remédio" e adotam "medicamento", que dá a ideia de prevenção, e é esse o significado que faz sentido neste nosso livro.

Dito isso, resta dizer que o grande desafio é fazer da alimentação saudável um componente para o alimento da alma: o prazer. E o prazer da vida passa pelo prazer da boa comida, gostosa, aromática, que nos traz conforto, memória afetiva da avó e de bons momentos familiares. Fomos buscar um pouco de cada coisa e mesclamos nos cardápios aqui reunidos, que servem bem para todo um mês de almoços ou jantares com mais saúde.

É uma experiência pessoal que agora compartilho com você, com a promessa de interatividade, posto que é próprio do momento hiperconectado que vivemos. Para tanto, abro meu contato pessoal para conversas e troca de experiências, críticas e sugestões. Será um prazer enorme se puder, de fato, ajudar a elaborar o conceito – sempre em aperfeiçoamento – de cozinhar com saúde.

ANDRÉ BOCCATO (@ANDREBOCCATO)

Chef de cozinha experimental, editor de gastronomia e, entre outras coisas, um aficionado por corrida de rua e maratonas

◆ INTRODUÇÃO ◆

Antes mesmo de nascermos, já contamos com um conjunto de "soldados da saúde", células que agem como um verdadeiro exército de defesa contra invasores do nosso corpo. É um conjunto bem articulado e complexo que envolve células, tecidos, órgãos e moléculas.

Ao longo da vida, o crescimento e fortalecimento desses defensores dependerá do tipo de cuidado que tivermos conosco, ou seja, eles ficarão muito mais poderosos contra invasores se fornecermos a eles algumas armas adequadas, como treinamento (exercícios físicos leves) e inteligência (sono reparador; sim, o nosso cérebro age enquanto dormimos!).

Como em qualquer corporação, é dever evitar estresse desnecessário e prover alimentação adequada, saudável e balanceada – como a que vamos sugerir aqui –, de tal forma que esse conjunto de células, órgãos e tecidos fique bem nutrido. Quer saber mais?

DEFENSORES DO SISTEMA IMUNOLÓGICO

Imagine um país com Infantaria, Força Aérea, Marinha, sistemas de radares, órgãos de segurança e vigilância, todos agindo para que o território fique protegido, imune a invasores. Mesmo com todo esse aparato, sempre haverá o risco de entrarem pessoas estranhas, ilegais ou perigosas que podem habitar o país, causando problemas ou não.

No corpo humano é igual. Podemos ter dentro de nós vários "elementozinhos" estranhos e perigosos o tempo todo, mas, até certo ponto e dependendo do tipo de corpo estranho, nossos defensores internos de segurança não deixam esse número aumentar nem fazer muito dano.

No entanto, quando um desses invasores inventa de fazer estrago ou quando eles vêm em bando, aí é que a guerra começa. Os bons defensores (os glóbulos brancos, chamados de leucócitos) vão para cima dos invasores, que podem ser bactérias, vírus, protozoários, fungos, helmintos... Viu só quanto tipo ruim? O campo do embate, então, se torna uma infecção ou sofre uma inflamação.

Imagine que seus soldados internos têm que estar abastecidos com munição, transporte etc. Esse abastecimento se dá por meio dos recursos que entram no organismo na forma de comida e são transformados em carboidratos, proteínas, vitaminas, fibras. A maior parte será usada para combustível, pois o corpo requer muita energia. Só o cérebro, por exemplo, consome de 20% a 25% de toda essa energia; mesmo quando estamos dormindo, ele está sempre trabalhando.

Muito bem. Você já deve ter percebido que, dependendo da comida com a qual você abastece seus defensores, eles vão ficar mais fortinhos ou mais fraquinhos e com mais ou menos capacidade de estoque, inteligência, transporte, rapidez de deslocamento frente aos invasores etc. Claro, então, que não basta que a comida seja do tipo adequado e de boa qualidade; é necessária toda uma disciplina de treino para deixar o corpo a postos para se defender.

Para fortalecer essa defesa, essa imunidade, é possível recorrer a vitaminas e suplementos energéticos. Ainda que haja muitas dúvidas científicas sobre sua real eficácia, são aceitos amplamente como coadjuvantes na promoção da saúde geral. Sou um defensor dos multivitamínicos e suplementos aprovados pela Agência Nacional de Vigilância Sanitária (Anvisa), porque afinal nem sempre é possível obter todos os nutrientes via alimentação. Suplementar, então, pode melhorar o teor nutricional de uma refeição, exatamente o que defendemos aqui, seja por meios naturais como os superalimentos, seja por insumos manipulados de forma segura e saudável.

Cabe aqui uma importante explicação: não existe imunidade "alta". Existe imunidade boa, como deveria ser a imunidade de todo mundo. Os especialistas alertam que não adianta se entupir de falsos e perigosos suplementos e ingredientes que prometem "aumentar" sua imunidade. O que existe são alimentos e suplementos que mantêm sua imunidade ou a fortalecem. Se você não cuida bem do seu exército interno, certamente vai perceber uma queda na qualidade da sua imunidade, isso sim. Não devemos achar que só uma alimentação correta será suficiente para reverter esse quadro. É o conjunto da obra, como citado acima, e a permanente e persistente manutenção dos hábitos saudáveis que turbinam o seu organismo.

OS INIMIGOS

Vamos entender, então, um pouco mais sobre esses invasores, os nossos inimigos, como eles costumam ser e de que jeito e onde costumam atacar.

VERMES E VÍRUS

No mundo de hoje, estima-se que o número de infectados por vermes seja da ordem de bilhões de pessoas. Dessas, cerca de 450 milhões (a maioria crianças) nem sabem que estão doentes, o que leva a cerca de 65 mil óbitos por ano e mostra que devemos levar essa luta a sério. Essa informação é comprovada por um estudo[1] da Universidade Federal do Rio de Janeiro.

E os vírus? São bichinhos minúsculos, menores do que uma célula. São tipo zumbis, nem sequer podem ser chamados de coisa viva porque não se reproduzem sozinhos. Muito perigosos, se alimentam, se reproduzem e se propagam apenas dentro do hospedeiro. São parasitas, e dos piores tipos que existem.

O nosso corpo tem barreiras naturais, como a pele, a flora intestinal, com seu grupo aliado das bactérias boazinhas, e o grupo das enzimas, na linha de frente da guerra, presentes na saliva e no suco gástrico do estômago. Não é porque estamos com o exército inteiro de prontidão que há garantia de matar o inimigo de cara. Isso depende do invasor, mas com as defesas em ordem certamente haverá mais tempo para obter munição e aliados. Em pessoas cujo exército está desfalcado ou debilitado, como idosos ou doentes crônicos, é uma luta contra o tempo, a ação tem de ser rápida mesmo.

Alguns dos mais conhecidos desses inimigos (só para dar exemplos, pois não é o caso aqui de elencar os mais de 3,6 mil tipos de vírus) são os vírus que causam gripe, rubéola, sarampo, caxumba, herpes, catapora, dengue, aids, varíola e por aí vai.

AS BACTÉRIAS

Diferente dos vírus, as bactérias são seres vivos unicelulares. Como em alianças de guerra, há um exército de bactérias muito boas

---

[1]. Disponível em: <http://www.cives.ufrj.br/informes/helmintos/hel-0ya.pdf>. Acesso em: 12 nov. 2020.

que nos ajudam demais; aliás, elas desempenham funções na manutenção da vida no planeta, como fixar nitrogênio na terra para as plantas. Assim, é possível afirmar que, em certa medida, toda a vida animal também depende das bactérias. Por exemplo, muitos processos de fermentação (não só a láctea) dependem da tal bactéria. Já pensou viver sem pão, queijo e outros tantos alimentos que dependem diretamente da turma do bem desse segmento?

Pois é, mas não se esqueça de que há as bactérias ruins também. Não vamos nos alongar neste texto, mas é preciso lembrar que elas existem e são perigosas. Podem causar tuberculose, difteria, meningite, tétano e sífilis, entre várias outras doenças. O pior é que elas são espertas e vão descobrindo como burlar os antibióticos e se modificam constantemente. Um dos argumentos dos vegetarianos contra o consumo excessivo de carne é justamente a enorme carga de antibactericidas que os animais recebem e nós comemos por tabela, criando supostamente uma resistência a antibióticos.

OS FUNGOS

Existem desde fungos bem pequenos (microrganismos) até os gigantes e comestíveis (os cogumelos). Podem ser utilizados como levedura para deixar a nossa cerveja mais gostosa e os pães mais aerados e até servem para fabricar, por exemplo, penicilina para combater as bactérias ruins. Mas, como é de se imaginar, há fungos ruins também, como aqueles que a gente conhece como bolor até os que causam candidíase.

Agora que conhecemos um pouco os nossos inimigos, vamos falar de como nos proteger deles.

AS ESTRATÉGIAS

Falamos do exército que combate os invasores, certo? Mas não é só luta direta, aquela da infantaria no campo de batalha, há toda uma estratégia envolvida. Quer um exemplo? Aqui no Brasil, não temos o costume de tomar água da torneira, mesmo sabendo que é tratada, pois pode acontecer de a água ser contaminada em armazenamentos impróprios ou encanamentos enferrujados, por exemplo. Nesse caso, ficamos expostos diretamente aos inimigos, que podem ser bactérias, vírus, parasitas. Então, não se expor ao inimigo é a primeira e mais óbvia técnica de guerra.

Como muitas vezes isso é impossível, sabemos bem, vamos oferecer aqui um plano de combate. Vamos detalhar as armas (os ingredientes) e as estratégias de preparação (alimentação natural, técnicas de cozimento, receitas), assim a sua tropa (o sistema imunológico) vai se empoderar e botar para correr os candidatos a invasores.

Analogias à parte, lembre-se de que manter o sistema imunológico é vital, mas não garante em si a total certeza de não contrair doenças; o que é certo é que, fraco, seu sistema imunológico estará mais suscetível aos invasores.

CONHECENDO MELHOR A MUNIÇÃO

Que fique claro: quando falamos em sistema imunológico, entenda como um sistema mesmo, integrado, complexo, que envolve vários órgãos do corpo, às vezes isoladamente, às vezes em conjunto. São células, glóbulos brancos, leucócitos, enzimas, os próprios tecidos do corpo. E como alimentar esses nossos defensores e deixá-los fortões?

Existem vários alimentos – todos naturais ou minimamente processados – que são ricos em munições, ou seja, vitaminas, minerais e outros nutrientes que nos deixam fortes e, entre outros benefícios, impedem a chamada oxidação, uma espécie de desgaste natural das células que gera os conhecidos radicais livres. Vamos chamar de desgaste natural do time; pois bem, quanto melhor o trato desse time, menos ele envelhece e mais bem preparado fica para sua função de proteger o organismo.

Como este não é um texto científico, vale um breque para enfatizar que não existem ingredientes milagrosos nem processos infalíveis. Uma alimentação saudável não é garantia de vitória absoluta nessa guerra, seja contra radicais livres, seja contra vírus, bactérias e demais terroristas; mas, sem uma boa alimentação, já vamos à luta prejudicados.

Outra coisa. Imagine que você confia muito no Ministério da Defesa do seu país, mas ao visitar o quartel encontra soldados molengas, sedentários, fumando, bebendo. É essa a turma da defesa que você quer? Pois, então, essa turma pode estar dentro de você e não vai conseguir defendê-lo dos invasores. Claro, você pode recorrer a remédios, como um exército amigo que vem em seu socorro, mas por quanto tempo e a que custo?

Pense nos seus soldados internos e os coloque para correr, treinar, dormir direito, se hidratar corretamente, não beber e não fumar. Aí sim! A turminha interna ficará poderosa e dará conta de conter invasores já nas fronteiras.

Bom, vamos agora de fato listar nossos armamentos e logo depois ver como melhor usá-los.

VITAMINA C

Fundamental nos processos de cura dos tecidos e na formação do colágeno. Além disso, é uma supercompanheira do ferro, ajudando em sua absorção no corpo. Então vamos fazer um carregamento com frutas, principalmente as cítricas, sempre duas ou três porções de frutas ao dia ou conforme seu nutricionista recomendar. Estamos falando principalmente de laranja, limão, açaí, kiwi, morango e temperos frescos como cebolinha e salsinha.

VITAMINA D (E MAIS CÁLCIO, FÓSFORO)

Vital para a manutenção dos ossos porque ajuda na absorção do cálcio, ela também desempenha um papel muito especial no conjunto do fortalecimento da imunidade. Para sintetizar a vitamina D, é recomendável tomar sol, já que alimentos como cogumelos, gema, leite e salmão têm uma quantidade pequena e que não é de fácil absorção pelo corpo. Quando os raios de sol penetram na pele, inicia-se uma reação saudável que leva à produção da vitamina D e estimula a absorção de cálcio e fósforo no intestino. É um trabalho de equipe e é claro que o tempo de exposição ao sol depende muito da idade e do tipo de pele. Uma sugestão é tomar sol por 20 a 30 minutos, 3 vezes por semana no verão e 5 vezes no inverno, de preferência entre 10 e 14 horas. Ainda assim, cheque com o seu médico se é o caso de fazer suplementação, lembrando que a vitamina D em excesso pode fazer mal aos rins.

VITAMINA A

Aqui estamos falando dos carotenoides, presentes na cenoura, batata-doce e batata yacon e em vegetais como brócolis e couve. Os betacarotenos de coloração laranja forte também são fonte de vitamina A, como os presentes na abóbora. Uma exceção é o abacate, que não é alaranjado mas é uma ótima fonte de betacaroteno, como são o leite e os ovos. Uma dica é fazer purês e misturar várias fontes de vitamina A.

VITAMINA E

Presente nos óleos vegetais fundamentais, como óleo de coco, de girassol e de milho, além de nozes, gergelim, farinha de semente de uva, aveia, gérmen de trigo, amendoim e até leite de cabra e peixes.

SELÊNIO

É um mineral que se envolve bem com a glândula tireoide, é um faz-tudo pelo sistema imunológico. É encontrado principalmente em nozes, castanhas, amêndoas, gérmen de trigo, ovos, mas também em carnes vermelhas, peixes e mariscos. Prefiro salmão, peru, sardinha, vieiras, ovos e as famosas sementes de girassol. Se eu pudesse eleger um único alimento como fonte principal de selênio, seria a nossa castanha-do-pará. O recomendável é consumir até 2 unidades por dia, mas consulte sempre seu nutricionista, já que a intoxicação por selênio é muito fácil de acontecer.

COMPOSTOS FENÓLICOS

Poderosos, de uso diário e de fácil deslocamento, são um grande grupo de compostos químicos de plantas com propriedades antioxidantes. Entre eles estão os flavonoides, como a quercetina, encontrada principalmente na cebola crua, na casca da maçã, na uva e na cúrcuma; isoflavonas e ligninas, encontradas nas sementes de linhaça, de girassol e outros tipos. E não podemos nos esquecer do chocolate com 70% de cacau, fonte de catequinas, como também é o chá verde. Sobre as sementes, vamos lembrar que há os modismos: tivemos a época da chia, da maca peruana, todas sementes do bem, mas anote: ainda vai chegar o tempo da semente de jaca, que pode ser ralada ou triturada como farinha. Já estou fazendo testes na minha cozinha.

ÁCIDO FÓLICO

É hora de citar o feijão, o cara poderoso na infantaria, o soldado raso que topa qualquer briga, representando aqui o esquadrão do ácido fólico (sem contar suas outras inúmeras propriedades, como fonte de proteína). Fazem parte dessa turma também lentilha, milho, caju, cogumelo, ovo, leite e até a cerveja (ora vivas!). Para complementar esses alimentos incríveis, consuma brócolis e folhas verde-escuras. Não colocaria a soja como boa fonte de nada porque os eventuais benefícios são desbancados pelos efeitos nocivos que causa na maioria da população.

ÔMEGA-3

Aqui a fama é do salmão, e o selvagem é a melhor opção, pois o salmão de criação – aquele de cor bonita, alaranjada – é confinado e alimentado com ração. Embora não faça mal algum, não é natural. O óleo de linhaça, por outro lado, é boa fonte vegetal de ômega-3. Muitos nutricionistas, porém, costumam receitar suplementação de ômega-3 pela dificuldade de suprir no dia a dia.

ZINCO

Chegou a vez das ostras (para quem as aprecia), camarão, peixes em geral, frango, castanhas, cereais, legumes (sempre presentes), mas também sementes de abóbora e de girassol e ovo de codorna. Outras munições leves mas poderosas são chlorella, spirulina, gengibre, pimenta, própolis, chá de cavalinha, chá de centelha asiática, chá de flor de dente de leão e sálvia.

OUTROS SUPERALIMENTOS

Por fim, mas não menos importantes, quero citar cogumelo shitake (que eu adoro!), iogurte sem açúcar, kefir e kombucha, estes três últimos, ótimos para a flora intestinal. Aliás, tudo está relacionado na dinâmica do nosso organismo: se sua flora intestinal está cheia de bactérias boas conquistadas por meio de fermentados, por exemplo, o seu sistema imunológico está feliz. Mais uma dica: pode abusar do gengibre, que vou citar de novo porque é poderoso, tem propriedades anti-inflamatórias e antioxidantes, e dá um sabor incrível às receitas.

Olha, tenho que confessar: é difícil juntar todas as informações num prato só. É duro balancear os nutrientes, cozinhar direito (sem se tornar um homem das cavernas, ou seja, preparar tudo na chapa, no espeto, grelhado ou frito) e ainda seguir as recomendações dos nutricionistas de fazer um prato o mais colorido possível. Isso porque nenhum alimento sozinho oferece todos os nutrientes de que precisamos.

Bem, como meu lema é *"walk where you talk"* (uma expressão que em inglês significa algo como "faça o que você diz"), busquei essa

experiência de comer saudável com a comidinha que se faz em casa, a comida de verdade, bem melhor do que as dietas da moda. E é esta comida que apresento a você neste livro.

Minha experiência com culinária saudável já vinha dos livros que escrevi, como *Marmita chic e saudável* (Editora Senac) e *Comer bem e saudável* (DCL). Nesta nova obra, o foco passa a ser o protagonismo dos alimentos funcionais. Há quem os chame de *superfoods* ou superalimentos porque concentram, em pequenas quantidades, grandes contribuições nutricionais. Os alimentos funcionais têm alto valor nutricional e ativam o sistema imunológico de maneira natural, pois são fontes de proteínas, minerais, enzimas, antioxidantes e gorduras boas, também necessárias para o bom funcionamento do nosso organismo.

Nestas minhas receitas, os superalimentos entram não só pelo sabor, mas também para incrementar as receitas com seus nutrientes, turbinando os bravos defensores do sistema imunológico e nossa saúde em geral (sempre lembrando que alimentação é apenas um dos pilares e não existem milagres ou alimentos milagrosos).

TÉCNICAS DE PREPARO DOS ALIMENTOS

A natureza nos oferece os insumos já prontinhos, portanto o ideal seria usá-los *in natura*, ou seja, quanto menos processados, melhor. Se não for possível consumi-los assim, o ideal é prepará-los, pela ordem, cozidos no vapor, cozidos na água, assados no forno ou grelhados. Pode esquecer a fritura definitivamente, hein? O melhor investimento que você pode fazer é em uma panela de cozimento a vapor, sobretudo para vegetais de toda espécie e até mesmo para as carnes.

O melhor é não submeter os superalimentos a altas temperaturas, para preservar ao máximo suas propriedades. Você verá nas receitas que a sugestão é incorporá-los sempre aos purês. Isso tem uma lógica, que é colocar a maioria das *superfoods* quase ao final do cozimento.

Outra questão interessante é que os purês são preparos ideais para toda a família: crianças e idosos fazem a deglutição mais facilmente, e todos podem degustar coadjuvantes supergostosos que harmonizam com aves, carnes, peixes, cogumelos e até mesmo algumas massas.

Como dito antes, o ideal dos mundos é cozinhar no vapor. Se não tiver uma panela a vapor, improvise com uma peneira grande sobre a água fervendo e cubra com uma tampa grande. Incentivo esse tipo de preparo, mas sempre tem a possibilidade de cozinhar em água diretamente; o que você não vai ver aqui é sugestão de fritura, pois é proibida na cozinha da defesa, tá?

Brincadeiras à parte, o assunto é sério. A alimentação é um dos pilares da boa manutenção do sistema imunológico, assim como ter sono adequado, praticar exercícios leves, evitar estresse, não fumar e não beber em excesso.

ORDEM DO DIA

As dicas a seguir vão dar à sua turma de defensores um perfil muito mais moderno, um exército de ponta, tecnológico. Gente atualizada sabe que manter o corpo saudável não é bobagem nem estética exibicionista, é obrigação de honrar aquilo que recebemos – o nosso corpo.

- Tente fugir ao máximo dos alimentos ultraprocessados e, se possível, até dos industrializados, aqueles que têm mais química do que ingredientes naturais nos rótulos. Não que o consumo de corantes e outros aditivos seja um perigo imediato, mas pode ser a longo prazo. Então, evite embutidos, molhos prontos, caldos de carne ou frango em cubos. Na dúvida, como já disse Michael Pollan, não coma nada que sua avó não reconheça como comida.
- Vamos a algo sensível: coma menos carne, em especial carne vermelha com muita gordura. A melhor maneira de fazer isso é variar o cardápio com alimentos de origem vegetal ou ao menos utilizar carnes mais magras. Abuse de frutas e legumes, mas não abuse de carnes gordurosas. Lembre-se da quantidade de vacinas, hormônios e remédios que os animais tomam e que a gente ingere por tabela, de alguma forma.
- E o sal, hein? Lembre-se da vovó e nada de excesso! Até amor em demasia faz mal, até água em excesso faz mal, imagine o sal então! E, claro, inclua nessa conta o açúcar. Aprendi a tomar bebidas sem adoçar; confesso que treinar os sentidos demora, mas, depois que você começa a sentir o sabor real das coisas, não tem volta. Esqueça refrigerantes de qualquer tipo (pois contêm muito açúcar) e não se iluda com os diets. Nada bom para os nossos fiéis defensores!
- Por último, prefira alimentos orgânicos. São de fato e de longe muito mais saudáveis, pois têm um teor mais alto de fitoquímicos e antioxidantes naturais, que são a defesa das plantas

contra agressores externos. Para estimular sua escolha, é só lembrar a quantidade de venenos químicos colocados para as plantinhas desfilarem bonitinhas, verdinhas e sem pintinhas na prateleira do supermercado; tudo tem um preço. Elas receberam muitos defensivos agrícolas (ou seja, agrotóxicos) e você paga mais barato devido à grande escala de produção. Essa economia pode ser leve para o bolso, mas vai pesar depois na sua saúde. É apenas um alerta.

◆ AS RECEITAS ◆

A maioria das pessoas tem dificuldades operacionais em seguir dietas de todo tipo, pois dá o maior trabalho organizar as compras certas, a estocagem, o plano de batalha, digo, o plano do que cozinhar a cada dia e administrar as sobras. Comigo também é assim, por isso o segredo aqui é planejamento e disciplina.

Para facilitar sua vida, separei as receitas em cinco capítulos: Peixes, Carnes, Aves, Massas e Vegetarianas. Ao final, incluí duas receitas superempoderadoras, misturando, como dizia minha avó, o tudo de bom! São espécies de compostos que podem ser adicionados a tudo: vitaminas, sucos, bolos feitos em casa, purês, saladas e onde mais quiser, para ajudar a ter uma supervida com *superfoods*.

A quantidade dos ingredientes está em medidas caseiras (xícaras e colheres) para você poder fazer as receitas mesmo que não tenha balança de cozinha em casa. Use aqueles jogos de medidores padrão vendidos em lojas de utensílios domésticos. E aqui vai uma tabelinha para você fazer a correspondência:

TABELA DE CONVERSÃO DE MEDIDAS
1 XÍCARA (CHÁ) = 180 G (ou seja, para sólidos)
1 XÍCARA (CHÁ) = 240 ML (ou seja, para líquidos)
1 COLHER (SOPA) = 15 ML
1 COLHER (CHÁ) = 5 ML
1 COLHER (CAFÉ) = 2,5 ML

Para você, um superapetite!

PEIXES

SAINT PETER AO MOLHO DE PALMITO

◆

SHIMEJI E SHITAKE COM CANELA

◆

BATATA-DOCE ASSADA COM PIMENTA SÍRIA

RENDIMENTO: 2 porções

INGREDIENTES

SAINT PETER
2 filés (300 g) de saint peter
½ dente de alho sem casca amassado
sal a gosto
suco de ½ limão
½ colher (sopa) de azeite de oliva extravirgem
½ cebola sem casca picada
¼ de pimentão verde sem sementes picado
½ colher (chá) de amido de milho
½ colher (chá) de segurelha fresca picada
2 palmitos picados
1 colher (sopa) de cream cheese sem glúten
1 colher (café) de psyllium

SHIMEJI E SHITAKE
um fio de azeite de oliva extravirgem
½ cebola sem casca picada
150 g de shitake fatiado
150 g de shimeji picado
sal a gosto
uma pitada de canela em pó
1 colher (chá) de sementes de girassol sem casca torradas

BATATA-DOCE
1 batata-doce média com casca cortada em rodelas
sal a gosto
1 colher (chá) de pimenta síria
3 colheres (sopa) de azeite de oliva extravirgem

> A PIMENTA SÍRIA NÃO É UMA PLANTA, E SIM UMA MISTURA DE ESPECIARIAS FEITA COM PARTES IGUAIS DE CANELA EM PÓ, CRAVO EM PÓ, NOZ-MOSCADA RALADA NA HORA E PIMENTA-DO-REINO E PIMENTA-DA-JAMAICA, AMBAS MOÍDAS NA HORA.

MODO DE FAZER

SAINT PETER

Tempere o peixe com o alho, o sal e o suco de limão. Grelhe em frigideira ou grelha antiaderente até o ponto desejado e reserve. Em uma panela, aqueça o azeite e refogue a cebola e o pimentão. Dissolva o amido em ½ xícara de água e despeje na panela, mexendo até ferver. Acrescente a segurelha, o palmito e o *cream cheese*. Ferva por alguns minutos para encorpar. Desligue e acrescente o psyllium.

SHIMEJI E SHITAKE

Em uma panela, aqueça o azeite e refogue a cebola. Junte os cogumelos e, quando murcharem, tempere com o sal e a canela. Adicione as sementes de girassol e desligue.

BATATA-DOCE

Coloque a batata-doce em uma assadeira pequena forrada com papel-alumínio e polvilhe com o sal e a pimenta síria. Regue com o azeite e leve ao forno preaquecido em temperatura média por 30 minutos.

SAINT PETER GRELHADO AO MOLHO DE LIMÃO

◆

ARROZ INTEGRAL COM ESPINAFRE E BRÓCOLIS

◆

PURÊ DE BATATA COM CHIA

RENDIMENTO: 2 porções

INGREDIENTES

SAINT PETER
2 filés (300 g) de saint peter
sal e pimenta-do-reino
    a gosto
1 colher (sopa) de manteiga
1 colher (chá) de amido de
    milho
½ xícara (chá) de vinho
    branco seco
suco de 1 limão-siciliano
um fio de azeite de oliva
    extravirgem

ARROZ
1 colher (sopa) de azeite
    de oliva extravirgem
¼ de cebola sem casca
    picada
1 dente de alho sem casca
    picado
1 xícara (180 g) de arroz integral
2 xícaras de caldo de legumes
    natural
1 folha de louro
½ xícara de brócolis picados
sal a gosto
1 xícara de espinafre picado
1 colher (sopa) de salsinha
    fresca picada

PURÊ
300 g de batata cozida
    descascada e quente
1 colher (sopa) de manteiga
¼ de xícara de leite
sal a gosto
1 colher (sopa) de chia
um fio de azeite

MODO DE FAZER

SAINT PETER

Tempere o peixe com o sal e a pimenta-do-reino e reserve. Em uma panela, derreta a manteiga e adicione o amido dissolvido no vinho. Mexa até engrossar ligeiramente. Acrescente o suco de limão, o sal e desligue. Grelhe os filés em uma frigideira ou grelha untada com o azeite e sirva com o molho de limão.

ARROZ

Em uma panela, em fogo médio, aqueça o azeite e refogue a cebola até ficar transparente e o alho até dourar. Acrescente o arroz e mexa por 1 minuto. Adicione o caldo, a folha de louro, os brócolis e o sal. Tampe, abaixe o fogo e cozinhe até a água atingir o nível do arroz. Misture o espinafre e continue o cozimento até secar todo o líquido e o arroz ficar cozido. Desligue e junte a salsinha.

PURÊ

Passe a batata ainda quente pelo espremedor de legumes, volte para a panela, leve ao fogo baixo e adicione a manteiga, o leite, o sal, e misture até ficar cremoso. Acrescente a chia, misture e desligue. Regue com o azeite.

PESCADA AO FORNO COM TOMATE

◆

ARROZ 7 GRÃOS COM CENOURA

◆

PURÊ DE CARÁ COM ESTRAGÃO

RENDIMENTO: 2 porções

INGREDIENTES

PESCADA
2 filés (300 g) de pescada branca
1 colher (sopa) de azeite de oliva extravirgem
½ colher (café) de alecrim picado
1 colher (café) de shoyu sem glúten e low sódio
sal e pimenta-de-cheiro a gosto
½ colher (café) de cúrcuma em pó
1 colher (sopa) de polpa de tomate
½ tomate sem sementes picado

ARROZ
½ colher (sopa) de azeite de oliva extravirgem
½ cebola sem casca picada
1 dente de alho sem casca picado
1 xícara (chá) de arroz 7 grãos
sal a gosto
100 g de cenoura pré-cozida picada

PURÊ
300 g de cará cozido, descascado e quente
½ colher (sopa) de manteiga
⅓ de xícara de leite
sal a gosto
½ colher (sopa) de farinha de aveia
1 colher (chá) de estragão picado

MODO DE FAZER

PESCADA
Tempere o peixe com metade do azeite, o alecrim, o shoyu, o sal, a pimenta-de-cheiro, a cúrcuma e a polpa de tomate. Coloque os filés em um refratário untado com azeite e espalhe o tomate picado por cima. Regue com o azeite restante. Leve ao forno preaquecido em temperatura média por aproximadamente 25 minutos ou até o peixe ficar macio.

ARROZ
Em uma panela, aqueça o azeite e refogue a cebola até ficar transparente e o alho até dourar. Acrescente o arroz e mexa por 1 minuto. Adicione 2 xícaras de água fervente e tempere com o sal. Deixe ferver em fogo baixo e com a panela tampada, até a água chegar no nível do arroz. Junte a cenoura e cozinhe até a água secar e o arroz ficar macio.

PURÊ
Passe o cará ainda quente pelo espremedor de legumes, transfira para uma panela e leve ao fogo baixo. Coloque a manteiga, o leite e o sal e mexa até ficar cremoso. Adicione a farinha de aveia, o estragão, misture e desligue.

FILÉ DE PEIXE AO MOLHO DE MARACUJÁ

◆

ARROZ COM GERGELIM

◆

PURÊ DE MANDIOCA COM SHITAKE

RENDIMENTO: 2 porções

INGREDIENTES

SAINT PETER
2 filés (300 g) de saint peter
1 colher (sopa) de suco de limão
sal a gosto
3 colheres (sopa) de suco de maracujá concentrado
½ colher (café) de alho desidratado em flocos
½ colher (café) de cebola desidratada em flocos
½ colher (chá) de manteiga
½ colher (café) de páprica doce
1 colher (café) de mel
1 colher (sopa) de sementes de maracujá
1 colher (sopa) de azeite de oliva extravirgem

ARROZ
um fio de óleo
¼ de cebola sem casca picada
½ dente de alho sem casca picado
1 xícara (chá) de arroz integral
sal a gosto
½ colher (café) de pimenta síria (veja p. 37)
1 colher (chá) de gergelim

PURÊ
300 g de mandioca sem casca cozida e quente
½ colher (sopa) de manteiga
½ xícara de leite
sal a gosto
1 colher (chá) de aveia em flocos finos
80 g de shitake picado
1 colher (sopa) de shoyu sem glúten e low sódio

MODO DE FAZER

SAINT PETER

Tempere o peixe com o suco de limão e o sal e reserve. Em uma panela, coloque o suco de maracujá, o alho, a cebola, a manteiga, a páprica, o mel, 3 colheres (sopa) de água e leve ao fogo. Deixe ferver em fogo baixo até reduzir e engrossar ligeiramente. Tempere com o sal, junte as sementes de maracujá e desligue. Em uma frigideira, aqueça o azeite e grelhe os filés dos dois lados. Passe para um refratário e cubra com o molho.

ARROZ

Aqueça o óleo em uma panela e refogue a cebola até ficar transparente e o alho até dourar. Acrescente o arroz e mexa por 1 minuto. Adicione o sal, 2 xícaras de água fervente, tampe, abaixe o fogo e cozinhe até a água secar e o arroz ficar macio. Junte a pimenta síria, o gergelim, misture e desligue.

PURÊ

Passe a mandioca quente pelo espremedor de legumes, transfira para uma panela e leve ao fogo baixo. Adicione a manteiga, o leite, o sal e mexa até ficar cremoso. Acrescente a aveia, misture e desligue. À parte, refogue o shitake no shoyu e sirva sobre o purê.

SALMÃO COM MOLHO DE FRUTAS CÍTRICAS E ERVAS FRESCAS

◆

ARROZ CATETO COM ESPINAFRE

◆

PURÊ DE CARÁ COM AVELÃ

RENDIMENTO: 2 porções

INGREDIENTES

SALMÃO
2 filés (300 g) de salmão
suco de ½ limão-siciliano
sal a gosto
1 colher (sopa) de azeite de oliva extravirgem
1 colher (sopa) de cebola sem casca picada
1 dente de alho sem casca picado
1 laranja sem casca e sem a membrana branca cortada em pedaços
6 colheres (sopa) de suco de maracujá concentrado
2 colheres (sopa) de mel
1 colher (sopa) de salsinha fresca picada
½ colher (café) de alecrim fresco picado
½ colher (café) de tomilho fresco

ARROZ
um fio de óleo
¼ de cebola sem casca picada
½ dente de alho sem casca picado
1 xícara (chá) de arroz cateto integral
sal a gosto
1 xícara de espinafre picado

PURÊ
300 g de cará cozido descascado e quente
½ colher (sopa) de manteiga
¼ de xícara de leite
sal a gosto
½ colher (sopa) de avelã sem casca e sem pele picada
2 colheres (chá) de azeite de oliva extravirgem

MODO DE FAZER

SALMÃO

Tempere o peixe com o suco de limão-siciliano e o sal e deixe na geladeira por 1 hora. Transfira o salmão para uma forma forrada com papel-manteiga, regue com metade do azeite e leve para assar em forno preaquecido a 200 °C por 20 minutos. Reserve. Em uma panela, aqueça o azeite restante, refogue a cebola até ficar transparente e o alho até dourar. Acrescente a laranja, o suco de maracujá, o mel, o sal, 6 colheres (sopa) de água e deixe ferver até reduzir pela metade. Adicione a salsinha, o alecrim, o tomilho, misture e desligue. Na hora de servir, despeje o molho sobre o salmão.

ARROZ

Em uma panela, aqueça o óleo e refogue a cebola até ficar transparente e o alho até dourar. Acrescente o arroz e mexa por 1 minuto. Adicione o sal, o espinafre picado, 2 xícaras de água fervente, tampe, abaixe o fogo e cozinhe até a água secar e o arroz ficar macio.

PURÊ

Passe o cará ainda quente pelo espremedor de legumes, transfira para uma panela e leve ao fogo baixo. Coloque a manteiga, o leite e o sal e mexa até ficar cremoso. Adicione a avelã, misture e desligue. Na hora de servir, regue com o azeite.

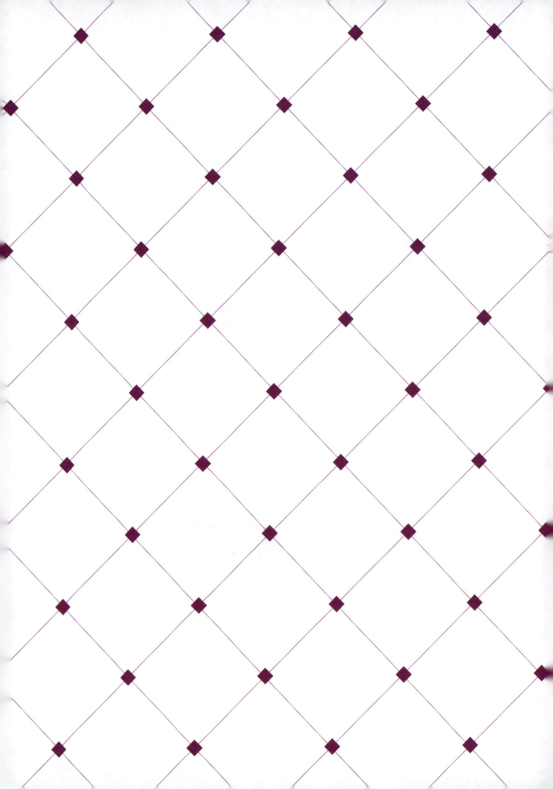

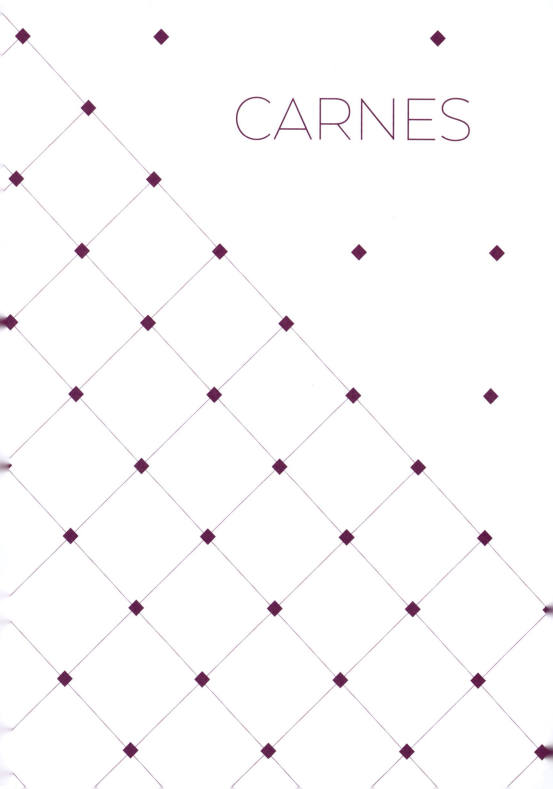
CARNES

PICADINHO DE CARNE COM CENOURA E ABÓBORA-JAPONESA ASSADAS COM ESPECIARIAS

◆

ARROZ VERMELHO

◆

PURÊ DE BATATA COM PSYLLIUM

RENDIMENTO: 2 porções

INGREDIENTES

PICADINHO
1 colher (sopa) de azeite de oliva extravirgem
¼ de cebola sem casca picada
1 dente de alho sem casca picado
300 g de carne (coxão duro, coxão mole ou alcatra) cortada em cubos
1 folha de louro
sal e pimenta-do-reino a gosto
½ xícara de caldo de legumes caseiro
1 colher (sopa) de salsinha fresca picada
½ cenoura grande com casca picada
50 g de abóbora-japonesa com casca picada
¼ de colher (café) de noz-moscada ralada na hora
¼ de colher (café) de bagas de zimbro
¼ de colher (café) de páprica picante

ARROZ
1 colher (sopa) de azeite de oliva extravirgem
¼ de cebola roxa sem casca picada
½ dente de alho sem casca picado
1 xícara (180 g) de arroz vermelho integral
¼ de beterraba ralada
sal a gosto
2 xícaras de caldo de legumes caseiro

PURÊ
300 g de batata cozida descascada e quente
1 colher (sopa) de manteiga
¼ de xícara de leite
sal a gosto
1 colher (café) de psyllium
um fio de azeite

MODO DE FAZER

PICADINHO

Em uma panela, aqueça o azeite e frite a cebola e o alho. Junte a carne, o louro, o sal e a pimenta-do-reino. Refogue até que a carne comece a dourar. Adicione o caldo de legumes, abaixe o fogo e cozinhe, com a panela semitampada, até o líquido secar um pouco. Finalize com a salsinha.

Em uma assadeira, tempere a cenoura e a abóbora com a noz-moscada, o zimbro, a páprica, o sal e a pimenta- -do-reino e leve ao forno preaquecido em temperatura média-alta até que os legumes fiquem macios.

ARROZ

Em uma panela, aqueça o azeite e refogue a cebola até ficar transparente e o alho até dourar. Adicione o arroz, a beterraba e frite por mais 1 minuto. Tempere com o sal, junte o caldo e cozinhe em fogo baixo, com a panela semitampada, até o líquido secar e o arroz ficar cozido.

PURÊ

Passe a batata ainda quente pelo espremedor de legumes, volte para a panela e leve ao fogo baixo. Adicione a manteiga, o leite, o sal e mexa até ficar cremoso. Acrescente o psyllium, misture e desligue. Regue com o azeite.

KAFTA DE CARNE

◆

ARROZ INTEGRAL COM PÁPRICA

◆

PURÊ DE BATATA COM GRÃOS DE QUINOA E CHIA

RENDIMENTO: 2 porções

INGREDIENTES

KAFTA
300 g de carne (patinho) moída
¼ de cebola sem casca picada finamente
1 dente de alho sem casca picado
1 colher (sopa) de salsinha fresca picada
1 colher (sopa) de coentro fresco picado
1 colher (sopa) de hortelã fresca picada
sal a gosto
½ colher (chá) de cominho em pó
½ colher (chá) de pimenta síria (veja p. 37)
1 colher (sopa) de azeite, mais um pouco para pincelar as kaftas e temperar o iogurte
½ pote (90 g) de iogurte natural
sal a gosto

ARROZ
1 colher (sopa) de azeite de oliva extravirgem
¼ de cebola sem casca picada
1 dente de alho sem casca picado
1 xícara (chá) de arroz integral
1 colher (chá) de páprica doce
sal a gosto

PURÊ
300 g de batata cozida descascada e quente
1 colher (sopa) de manteiga
¼ de xícara de leite
sal a gosto
1 colher (chá) de chia
1 colher (sopa) de quinoa cozida

MODO DE FAZER

KAFTA

Em uma tigela, junte a carne moída, a cebola, o alho, a salsinha, o coentro e metade da hortelã. Tempere com o sal, o cominho, a pimenta síria e misture bem com as mãos. Com as mãos úmidas, modele as porções de carne em espetos ou em formato de quibe. Leve uma chapa ou frigideira antiaderente ao fogo; quando aquecer, pincele azeite nas kaftas e disponha-as na chapa, uma ao lado da outra. Deixe dourar por cerca de 3 minutos; vire e deixe dourar por mais 2 minutos. Em uma tigela, misture o iogurte, um fio de azeite, a hortelã restante e o sal. Reserve na geladeira até a hora de servir.

ARROZ

Em uma panela, em fogo médio, aqueça o azeite e refogue a cebola até ficar transparente e o alho até dourar. Acrescente o arroz e mexa por 1 minuto. Adicione a páprica, 2 xícaras de água fervente e o sal. Tampe, abaixe o fogo e cozinhe até a água secar e o arroz ficar cozido.

PURÊ

Passe a batata ainda quente pelo espremedor de legumes, volte para a panela e leve ao fogo baixo. Adicione a manteiga, o leite, o sal e misture até ficar cremoso. Acrescente a chia, a quinoa, misture e desligue.

BERINJELA RECHEADA DE CARNE MOÍDA COM ESPECIARIAS

◆

ARROZ 7 GRÃOS COM CENOURA E CÚRCUMA

◆

PURÊ DE ERVILHA E AVEIA

RENDIMENTO: 2 porções

INGREDIENTES

BERINJELA
1 berinjela média
um fio de óleo
¼ de cebola sem casca picada
½ dente de alho sem casca picado
200 g de carne (patinho) moída
sal e pimenta-do-reino a gosto
½ colher (café) de pimenta-da-jamaica em pó
uma pitada de canela em pó
½ tomate sem sementes picado
1 ovo cozido picado
1 colher (sopa) de farinha de semente de uva
1 colher (sopa) de queijo parmesão ralado

ARROZ
½ colher (sopa) de azeite de oliva extravirgem
½ cebola sem casca picada
1 dente de alho sem casca picado
1 xícara (chá) de arroz 7 grãos
1 colher (café) de cúrcuma em pó
sal a gosto
100 g de cenoura sem casca ralada

PURÊ
300 g de ervilha verde fresca cozida e quente
¼ de xícara (chá) de leite
½ colher (sopa) de manteiga
sal a gosto
uma pitada pequena de cravo-da-índia em pó
1 colher (chá) de aveia em flocos

MODO DE FAZER

BERINJELA

Corte a berinjela ao meio, no sentido vertical, e cozinhe-a no vapor até ficar macia, mas ainda firme. Com uma colher, retire o miolo e reserve as cascas. Pique o miolo e reserve. Em uma panela, aqueça o óleo e refogue a cebola até ficar transparente e o alho até dourar. Adicione a carne moída, tempere com o sal, a pimenta-do-reino, a pimenta-da-jamaica e a canela e refogue até que a carne perca a cor vermelha. Desligue. Em uma tigela, misture o miolo da berinjela picado, a carne moída refogada, o tomate, o ovo, a farinha de semente de uva e o sal e recheie as cascas da berinjela reservadas. Polvilhe com o queijo parmesão, coloque as metades da berinjela em uma assadeira e asse no forno preaquecido em temperatura média por 20 minutos.

ARROZ

Em uma panela, aqueça o azeite e refogue a cebola até ficar transparente e o alho até dourar. Acrescente o arroz e mexa por 1 minuto. Adicione 2 xícaras de água fervente, a cúrcuma e o sal. Deixe ferver, em fogo baixo e com a panela tampada, até a água chegar no nível do arroz. Junte a cenoura ralada e cozinhe até a água secar e o arroz ficar cozido.

PURÊ

Bata as ervilhas ainda quentes no liquidificador com o leite. Despeje a mistura em uma panela e leve ao fogo. Acrescente a manteiga, o sal e o cravo e mexa até ficar cremoso. Junte a aveia, misture e desligue.

TIRAS DE FILÉ-MIGNON COM MOLHO DE HORTELÃ E IOGURTE

◆

BATATA COM ESTRAGÃO

◆

PURÊ DE ERVILHA COM ABÓBORA

RENDIMENTO: 2 porções

INGREDIENTES

FILÉ-MIGNON

300 g de filé-mignon cortado em tiras
sal a gosto
1 colher (café) de mostarda em pó
1 dente de alho sem casca amassado
⅔ de xícara (chá) de folhas de hortelã
½ colher (chá) de folhas de manjericão
½ colher (sopa) de salsinha fresca picada
1 colher (chá) de amido de milho
⅔ de xícara (chá) de iogurte natural
1 colher (café) de óleo de coco
½ colher (sopa) de manteiga

BATATA

2 colheres (sopa) de óleo
1 batata grande com casca cozida e cortada em cubos pequenos
1 dente de alho sem casca picado
¼ de cebola sem casca picada
sal a gosto
1 colher (chá) de estragão picado
½ colher (café) de psyllium

PURÊ

150 g de ervilha fresca cozida e quente
150 g de abóbora cozida e quente
½ colher (sopa) de manteiga
¼ de xícara (chá) de leite
sal a gosto
uma pitada de pimenta vermelha em pó
½ colher (café) de cúrcuma em pó

MODO DE FAZER

FILÉ-MIGNON
Tempere a carne com o sal e a mostarda em pó. Em uma panela, misture o alho, as folhas de hortelã, as folhas de manjericão, a salsinha, o sal, o amido de milho, o iogurte e o óleo de coco e misture bem. Deixe ferver e desligue. Reserve. Em uma frigideira, derreta a manteiga e frite a carne até dourar. Passe a carne para um refratário e despeje o molho por cima.

BATATA
Em uma panela, aqueça o óleo e frite a batata até dourar levemente. Adicione o alho e a cebola e deixe fritar mais um pouco. Junte o sal, o estragão e o psyllium, misture e desligue.

PURÊ
Passe as ervilhas e a abóbora ainda quentes pelo espremedor de legumes, transfira para uma panela e leve ao fogo baixo. Coloque a manteiga, o leite e o sal e mexa até ficar cremoso. Adicione a pimenta e a cúrcuma, misture e desligue.

PICADINHO DE CARNE

◆

REFOGADO DE CENOURA E VAGEM

◆

PURÊ DE BATATA COM BANANA-DA-TERRA E PÁPRICA DOCE

RENDIMENTO: 2 porções

INGREDIENTES

PICADINHO

1 colher (sopa) de azeite
1 dente de alho sem casca picado
300 g de alcatra picada na ponta da faca
100 g de minicenouras cozidas
½ colher (sopa) de extrato de tomate sem glúten
⅓ de xícara (chá) de vinho branco seco
½ colher (café) de tomilho
½ folha de louro
sal e pimenta-do-reino a gosto
100 g de minicebolas para conserva

REFOGADO

um fio de óleo
100 g de vagem picada
100 g de cenoura pré-cozida picada
sal a gosto
½ colher (chá) de orégano

PURÊ

150 g de banana-da-terra cozida descascada e quente
150 g de batata cozida descascada e quente
1 colher (sobremesa) de manteiga
⅓ de xícara de creme (chá) de leite fresco
sal a gosto
½ colher (chá) de páprica doce
½ colher (chá) de amaranto em flocos

MODO DE FAZER

PICADINHO

Aqueça o azeite, frite o alho, junte a carne e refogue até dourar. Acrescente as minicenouras, o extrato de tomate, o vinho, o tomilho, o louro, o sal e a pimenta-do-reino e mexa. Adicione ½ xícara de água fervente, tampe a panela e cozinhe em fogo baixo, até a carne ficar macia. Na metade do cozimento, adicione as minicebolas, tampe a panela novamente e termine o cozimento. Se necessário, acrescente mais água, pois o picadinho não deve ficar seco, e sim com um pouco de molho.

REFOGADO

Em uma panela, aqueça o óleo e refogue a vagem e a cenoura. Adicione ½ xícara de água, abaixe o fogo e deixe cozinhar até a vagem ficar *al dente* (macia, mas não mole demais). Tempere com o sal e o orégano e desligue.

PURÊ

Bata a banana-da-terra ainda quente no processador até obter um purê e reserve. Passe a batata ainda quente pelo espremedor de legumes e transfira para uma panela junto com a banana e leve ao fogo baixo. Adicione a manteiga, o creme de leite e o sal e mexa até ficar cremoso. Acrescente a páprica, o amaranto, misture e desligue.

GRATINADO DE CARNE MOÍDA E PALMITO

♦

ARROZ COM FUNGHI E PISTACHE

♦

PURÊ DE ESPINAFRE COM MANDIOCA

RENDIMENTO: 2 porções

INGREDIENTES

GRATINADO
½ colher (sopa) de azeite de oliva extravirgem
250 g de patinho moído
¼ de cebola sem casca picada
1 colher (sopa) de molho inglês sem glúten
1 tomate pequeno sem pele e sem semente picado
½ xícara de palmito picado
sal e pimenta-do-reino a gosto
½ colher (sopa) de azeitona verde picada
½ colher (sopa) de salsinha fresca picada
1 gema
½ colher (sopa) de queijo parmesão ralado
½ xícara (chá) de creme de leite
½ colher (sopa) de nozes sem casca picadas

ARROZ
½ colher (sopa) de azeite de oliva extravirgem
½ cebola sem casca picada
1 dente de alho sem casca picado
1 xícara (chá) de arroz integral
sal a gosto
2 colheres (sopa) de funghi hidratado e picado
½ colher (sopa) de salsão picado
½ colher (sopa) de pistache sem casca picado
1 colher (chá) de gergelim

PURÊ
150 g de espinafre cozido e quente
½ xícara (chá) de leite
150 g de mandioca sem casca cozida e quente
½ colher (sopa) de manteiga
sal a gosto
½ colher (chá) de dill picado
½ colher (café) de psyllium

MODO DE FAZER

GRATINADO

Em uma panela, aqueça o azeite, junte a carne moída e refogue por alguns minutos. Acrescente a cebola, o molho inglês e o tomate. Misture bem e refogue por mais 5 minutos. Coloque o palmito, tempere com o sal e a pimenta-do-reino, adicione as azeitonas e a salsinha, misture bem e desligue. Unte um refratário pequeno com azeite, espalhe a carne e reserve. À parte, bata a gema, junte o parmesão, o creme de leite e as nozes. Espalhe sobre a carne e leve ao forno preaquecido em temperatura média por 20 minutos.

ARROZ

Em uma panela, aqueça o azeite e refogue a cebola até ficar transparente e o alho até dourar. Acrescente o arroz e mexa por 1 minuto. Adicione 2 xícaras de água fervente, o sal e o funghi. Deixe ferver, em fogo baixo e com a panela tampada, até a água chegar ao nível do arroz. Adicione o salsão e o pistache e continue o cozimento até o arroz ficar cozido. Polvilhe com o gergelim, misture e desligue.

PURÊ

Bata o espinafre no processador com o leite até ficar homogêneo. Reserve. Passe a mandioca ainda quente pelo espremedor de legumes, transfira para uma panela junto com o espinafre batido e leve ao fogo baixo. Coloque a manteiga, o sal e mexa até ficar cremoso. Adicione o dill e o psyllium, misture e desligue.

CUBOS DE FILÉ-MIGNON AO MOLHO ROSÉ

◆

REFOGADO DE PALMITO COM ESCAROLA

◆

PURÊ DE CARÁ COM BETERRABA

RENDIMENTO: 2 porções

INGREDIENTES

FILÉ-MIGNON
300 g de filé-mignon cortado em cubos
sal e pimenta-do-reino branca a gosto
1 colher (sopa) de azeite de oliva extravirgem
½ dente de alho sem casca picado
⅓ de cebola sem casca bem picada
1 lata de tomate pelado
1 colher (sopa) de shoyu sem glúten e low sódio
1 xícara (chá) de creme de leite fresco
½ colher (sopa) de cebolinha verde picada
½ colher (chá) de linhaça triturada na hora

REFOGADO
um fio de azeite de oliva extravirgem
1 dente de alho sem casca picado
1 xícara de pupunha picada
1 xícara (chá) de escarola picada
sal a gosto
½ colher (chá) de segurelha picada
½ colher (chá) de avelã sem casca picada

PURÊ
150 g de cará cozido descascado e quente
150 g de beterraba cozida e quente
½ colher (sopa) de manteiga
¼ de xícara (chá) de leite
sal a gosto
1 colher (chá) de óleo de coco

MODO DE FAZER

FILÉ-MIGNON

Tempere a carne com o sal e a pimenta-do-reino branca. Em uma frigideira aquecida, coloque metade do azeite, frite os cubos até dourar de todos os lados, retire da frigideira e reserve. Na mesma frigideira, coloque o azeite restante, o alho e a cebola e deixe fritar até ficar levemente dourado. Bata no liquidificador o tomate pelado e reserve. Acrescente o shoyu, o tomate batido e o sal e cozinhe por 5 minutos, em fogo baixo. Por último, acrescente o creme de leite, a cebolinha, a linhaça e volte os cubos de carne à frigideira para aquecer.

REFOGADO

Em uma panela, aqueça o azeite e frite o alho. Adicione a pupunha e refogue por 1 minuto. Acrescente a escarola, o sal e, quando murchar, junte a segurelha, a avelã, misture e desligue.

PURÊ

Passe o cará e a beterraba ainda quentes pelo espremedor de legumes, transfira para uma panela e leve ao fogo baixo. Coloque a manteiga, o leite, o sal e mexa até ficar cremoso. Adicione o óleo de coco, misture e desligue.

ALMÔNDEGAS ASSADAS COM CASTANHA-DE-CAJU

◆

PENNE COM BERINJELA E MOZARELA DE BÚFALA

RENDIMENTO: 2 porções

INGREDIENTES

ALMÔNDEGAS
½ xícara (chá) de biscoito de polvilho triturado
1 colher (sopa) de farinha de castanha-de-caju
¼ de cebola sem casca picada
250 g de carne moída
sal a gosto
1 colher (chá) de estragão picado
½ colher (café) de curry

PENNE
300 g de massa de arroz integral tipo penne
sal a gosto
1 dente de alho sem casca picado
4 colheres (sopa) de azeite
½ berinjela cortada em pedaços pequenos
½ colher (chá) de gengibre sem casca ralado
½ colher (chá) de ervas de provence
½ xícara (chá) de queijo mozarela de búfala cortado em cubos

MODO DE FAZER

ALMÔNDEGAS

Em uma tigela, misture o biscoito de polvilho triturado, a farinha de castanha, a cebola, a carne moída, o sal, o estragão e o curry. Faça bolinhas de carne e coloque-as em uma assadeira forrada com papel-alumínio. Leve ao forno preaquecido em temperatura média por 35 minutos ou até que as bolinhas estejam douradas.

PENNE

Cozinhe o penne em água e sal até ficar *al dente*, escorra e reserve. Em uma assadeira, coloque o alho, o azeite, a berinjela, o sal, o gengibre e leve ao forno preaquecido em temperatura alta por 1 hora. Retire do forno, adicione as ervas de provence, misture o penne e os cubos de mozarela.

Ervas de provence são ervas típicas da culinária do sul da França. Há variações, mas a mistura básica contém alecrim, tomilho, segurelha e manjerona. Há versões com sálvia, lavanda, casca de limão e semente de erva-doce.

QUIBE SEM GLÚTEN

♦

ARROZ VERMELHO COM GERGELIM PRETO E CASTANHA-DO-PARÁ

♦

PURÊ DE ABÓBORA COM CENOURA E AMARANTO

RENDIMENTO: 2 porções

INGREDIENTES

QUIBE
1 xícara (chá) de quinoa cozida
200 g de carne (patinho) moída
sal a gosto
½ colher (café) de pimenta síria (veja p. 37)
¼ de cebola sem casca picada
½ colher (sopa) de hortelã picada
½ colher (sopa) de azeite de oliva extravirgem
1 cubo de gelo
50 g de queijo mozarela fatiado

ARROZ
¼ de cebola roxa sem casca picada
½ dente de alho sem casca picado
1 colher (sopa) de azeite de oliva extravirgem
1 xícara (chá) de arroz vermelho integral
sal a gosto
1 colher (chá) de gergelim preto
½ colher (sopa) de castanha- -do-pará sem casca picada

PURÊ
150 g de cenoura sem casca cozida e quente
150 g de abóbora sem casca cozida e quente
½ colher (sopa) de manteiga
¼ de xícara (chá) de leite
sal a gosto
1 colher (chá) de amaranto em flocos

MODO DE FAZER

QUIBE

Misture a quinoa com a carne e tempere com o sal, a pimenta síria, a cebola, a hortelã, o azeite e amasse muito bem, misturando junto o cubo de gelo. Em uma forma pequena e untada com azeite, coloque metade da massa da carne, disponha as fatias de mozarela por cima e cubra com o restante da massa. Leve para assar em forno preaquecido em temperatura média por 30 minutos.

ARROZ

Em uma panela, frite a cebola até ficar transparente e o alho até dourar. Adicione o arroz e frite por mais 1 minuto. Tempere com o sal, acrescente 2 xícaras de água fervente e cozinhe em fogo baixo, com a panela tampada, até o líquido chegar ao nível do arroz. Acrescente o gergelim e a castanha-do-pará e cozinhe até secar completamente.

PURÊ

Passe a cenoura e a abóbora ainda quentes pelo espremedor de legumes, transfira para uma panela e leve ao fogo baixo. Coloque a manteiga, o leite, o sal e mexa até ficar cremoso. Adicione o amaranto, misture e desligue.

CARNE INDIANA

♦

ARROZ VERMELHO COM PIMENTÃO AMARELO

♦

PURÊ DE MANDIOCA COM BATATA E AVEIA

RENDIMENTO: 2 porções

INGREDIENTES

CARNE
300 g de coxão mole cortado em cubos
1 colher (sopa) de óleo
½ cebola sem casca picada
½ colher (chá) de curry
uma pitada de cravo-da-índia em pó
¼ de xícara de coco fresco ralado
sal a gosto
¼ de xícara (chá) de amendoim sem pele torrado
½ xícara (chá) de leite de coco
cheiro-verde picado a gosto

ARROZ
½ colher (sopa) de azeite de oliva extravirgem
½ cebola sem casca picada
1 dente de alho sem casca picado
1 pedaço pequeno de anis-estrelado
1 xícara (chá) de arroz vermelho integral
sal a gosto
¼ de pimentão amarelo sem semente picado
½ colher (chá) de orégano

PURÊ
150 g de mandioca sem casca cozida e quente
150 g de batata cozida descascada e quente
½ colher (sopa) de manteiga
⅓ de xícara (chá) de leite
sal a gosto
2 colheres (chá) de aveia em flocos

MODO DE FAZER

CARNE

Em uma panela, refogue a carne no óleo até dourar. Junte a cebola, o curry, o cravo, o coco, o sal, 1 xícara de água fervente e cozinhe em fogo médio, com a panela tampada, até amaciar a carne. Acrescente o amendoim, o leite de coco e deixe por mais 5 minutos. Polvilhe com cheiro-verde e desligue.

ARROZ

Em uma panela, aqueça o azeite e refogue a cebola até ficar transparente e o alho até dourar. Acrescente o anis, o arroz e mexa por 1 minuto. Adicione 2 xícaras de água fervente e o sal. Deixe cozinhar, em fogo baixo e com a panela tampada, até a água secar e o arroz ficar macio. Polvilhe com o pimentão, o orégano, misture e desligue.

PURÊ

Passe a mandioca e a batata ainda quentes pelo espremedor de legumes, transfira para uma panela e leve ao fogo baixo. Coloque a manteiga, o leite, o sal e mexa até ficar cremoso. Adicione a aveia, misture e desligue.

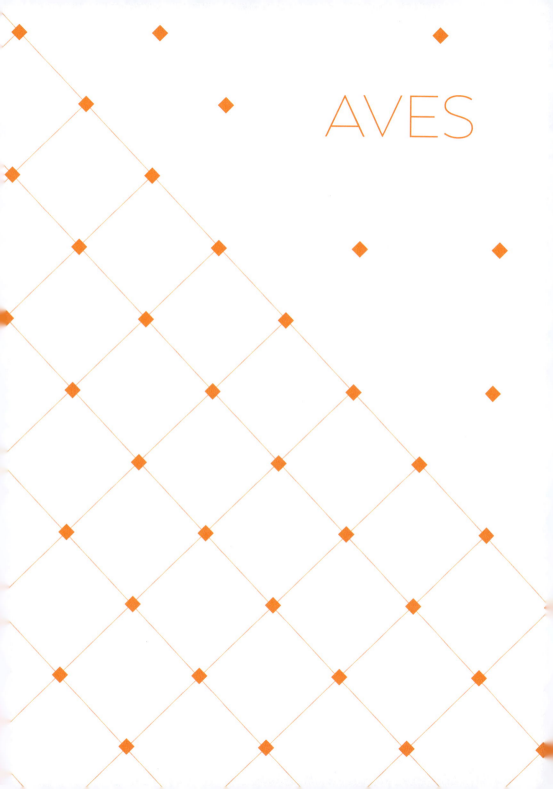
AVES

FRANGO AO MOLHO DE LARANJA, CURRY E GERGELIM

◆

ARROZ CATETO COM VERMELHO INTEGRAL E ALHO-PORÓ

◆

PURÊ DE BATATA COM AMARANTO

RENDIMENTO: 2 porções

INGREDIENTES

FRANGO
½ colher (sopa) de manteiga
1 colher (sopa) de azeite de oliva extravirgem
300 g de peito de frango cortado em cubos
sal e pimenta-do-reino a gosto
1 colher (café) de cúrcuma em pó
½ colher (café) de curry
½ colher (sopa) de tomilho-limão
1 colher (chá) de amido de milho
1¼ xícara (chá) de suco de laranja
½ xícara (chá) de leite de coco
1 colher (sopa) de cebolinha verde picada
½ colher (sopa) de gergelim

ARROZ
½ colher (sopa) de óleo de gergelim
¼ de cebola sem casca picada
1 dente de alho sem casca picado
¼ de xícara (50 g) de alho-poró (só a parte branca) picado
1 xícara (chá) de arroz cateto com vermelho integral
sal e pimenta-do-reino a gosto
2 xícaras (chá) de caldo de legumes caseiro

PURÊ
300 g de batata cozida descascada e quente
1 colher (sopa) de manteiga
¼ de xícara (chá) de creme de leite fresco
sal a gosto
½ colher (sopa) de amaranto em flocos ou amaranto em grãos cozido

MODO DE FAZER

FRANGO

Em uma panela, aqueça a manteiga e o azeite e doure o frango. Tempere com o sal, a pimenta-do-reino, a cúrcuma, o curry, o tomilho-limão e junte o amido de milho dissolvido no suco de laranja. Abaixe o fogo, tampe a panela e cozinhe até o caldo reduzir um terço do volume original. Acrescente o leite de coco e deixe ferver novamente. Desligue e junte a cebolinha e o gergelim.

ARROZ

Aqueça o óleo de gergelim e refogue a cebola até ficar transparente e o alho até dourar. Acrescente o alho-poró, o arroz e mexa por 1 minuto. Adicione o sal, a pimenta-do-reino e o caldo. Tampe, abaixe o fogo e cozinhe até a água secar e o arroz ficar cozido.

PURÊ

Passe a batata ainda quente pelo espremedor de legumes, volte para a panela e leve ao fogo baixo. Adicione a manteiga, o creme de leite, o sal e misture até ficar cremoso. Acrescente o amaranto, misture e desligue.

STROGONOFF DE FRANGO

◆

ARROZ INTEGRAL COM AÇAFRÃO E PÁPRICA

◆

PURÊ DE BATATA COM GRÃOS DE QUINOA E CHIA

RENDIMENTO: 2 porções

INGREDIENTES

STROGONOFF
½ colher (sopa) de manteiga
½ colher (sopa) de azeite de oliva extravirgem
300 g de filé de frango cortado em tiras
sal e pimenta-do-reino a gosto
½ colher (sobremesa) de mostarda sem glúten
½ colher (sopa) de molho inglês sem glúten
½ colher (sopa) de ketchup sem glúten
½ xícara (chá) de creme de leite fresco
50 g de champignon fatiado

ARROZ
1 colher (sopa) de azeite de oliva extravirgem
¼ de cebola sem casca picada
1 dente de alho sem casca picado
1 xícara (chá) de arroz integral
uma pitada de pistilos de açafrão ou açafrão moído
1 colher (chá) de páprica doce
sal a gosto

PURÊ
300 g de batata cozida descascada e quente
1 colher (sopa) de manteiga
¼ de xícara (chá) de leite
sal a gosto
1 colher (chá) de chia
½ colher (sopa) de quinoa colorida cozida

MODO DE FAZER

STROGONOFF
Em uma panela, aqueça a manteiga, o azeite e doure o frango. Tempere com o sal e a pimenta-do-reino. Junte a mostarda, o molho inglês, o ketchup, o creme de leite e o champignon. Deixe aquecer e desligue.

ARROZ
Em uma panela, em fogo médio, aqueça o azeite e refogue a cebola até ficar transparente e o alho até dourar. Acrescente o arroz e mexa por 1 minuto. Adicione o açafrão, a páprica, 2 xícaras de água fervente e o sal. Tampe, abaixe o fogo e cozinhe até a água secar e o arroz ficar cozido.

PURÊ
Passe a batata ainda quente pelo espremedor de legumes, volte para a panela e leve ao fogo baixo. Adicione a manteiga, o leite, o sal e misture até ficar cremoso. Acrescente a chia, a quinoa, misture e desligue.

FRANGO COM CENOURA, ESPECIARIAS E SEMENTES DE ABÓBORA

POLENTA COM NOZES

RENDIMENTO: 2 porções

INGREDIENTES

FRANGO
1 colher (sopa) de azeite de oliva extravirgem
½ dente de alho sem casca amassado
300 g de peito de frango cozido e desfiado
¼ de xícara de grãos de milho cozidos ou em conserva escorridos
1 cenoura grande fatiada finamente na diagonal
sal e pimenta-malagueta picada a gosto
½ colher (café) de cominho em pó
½ colher (café) de sementes de erva-doce
uma pitada de sementes de coentro
uma pitada de cravo-da-índia em pó
¼ de xícara (chá) de cogumelo-de-paris fatiado
¼ de xícara (chá) de suco de laranja
½ colher (sopa) de sementes de abóbora torradas

POLENTA
½ xícara (chá) de fubá pré-cozido
sal a gosto
1 colher (sopa) de queijo parmesão ralado
½ colher (sopa) de nozes picadas
queijo parmesão ralado para polvilhar

MODO DE FAZER

FRANGO

Em uma panela, aqueça o azeite e refogue o alho, o frango, o milho, a cenoura, o sal e a pimenta-malagueta. Junte o cominho, as sementes de erva-doce e de coentro, o cravo, os cogumelos, o suco de laranja e as sementes de abóbora. Deixe ferver até o frango ficar cozido e reserve.

POLENTA

Em uma panela, coloque 2 xícaras de água fria e dissolva o fubá. Deixe aquecer, mexendo sempre, até engrossar. Tempere com sal e o parmesão. Cozinhe por 15 minutos, em fogo baixo, mexendo de vez em quando. Adicione as nozes e desligue. Polvilhe com mais parmesão na hora de servir.

ESPETINHO DE FRANGO COM ALHO-PORÓ E PIMENTÃO

◆

QUINOA COLORIDA COM ÓLEO DE COCO

◆

PURÊ DE BANANA-DA-TERRA E BATATA-DOCE COM AVEIA

RENDIMENTO: 2 porções

INGREDIENTES

ESPETINHO
1 colher (café) de alecrim fresco picado
½ colher (sopa) de azeite de oliva extravirgem
¼ de cebola sem casca ralada
1 colher (café) de gengibre sem casca ralado
½ colher (sopa) de mel
sal a gosto
1 xícara (chá) de peito de frango cortado em cubos grandes
1 xícara (chá) de alho-poró (só a parte branca) cortado em rodelas grossas
½ xícara (chá) de pimentão vermelho cortado em cubos

QUINOA
½ colher (sopa) de óleo de coco
½ dente de alho sem casca picado
1 xícara (chá) de quinoa colorida
sal a gosto
1 colher (sopa) de cebolinha verde picada

PURÊ
150 g de banana-da-terra cozida descascada e quente
150 g de batata-doce cozida descascada e quente
½ colher (sopa) de manteiga
½ xícara (chá) de leite
sal a gosto
1 colher (chá) de aveia em flocos finos
um fio de azeite de oliva extravirgem

MODO DE FAZER

ESPETINHO
Em uma tigela, misture o alecrim, o azeite, a cebola, o gengibre, o mel e o sal. Nesse tempero, coloque para marinar o frango, o alho-poró e o pimentão. Leve à geladeira por 1 hora. Monte os espetinhos intercalando o frango com o alho-poró e o pimentão até usar todos os ingredientes. Leve para grelhar até o frango ficar dourado.

QUINOA
Em uma panela, aqueça o óleo de coco e frite o alho e a quinoa. Acrescente o sal, 2 xícaras de água fervente e cozinhe, com a panela tampada, até secar a água e a quinoa ficar macia. Junte a cebolinha, misture e desligue.

PURÊ
Passe a banana-da-terra e a batata-doce ainda quentes pelo espremedor de legumes, transfira para uma panela e leve ao fogo baixo. Coloque a manteiga, o leite, o sal e mexa até ficar cremoso. Adicione a aveia, misture e desligue. Regue com o azeite de oliva.

FRICASSÉ DE FRANGO COM COGUMELOS FRESCOS

◆

ARROZ 7 GRÃOS COM BRÓCOLIS E COUVE-FLOR

◆

PURÊ DE BATATA COM ALHO

RENDIMENTO: 2 porções

INGREDIENTES

FRICASSÉ
½ colher (sopa) de manteiga
1 colher (sopa) de cebola sem casca picada
½ xícara (chá) de cogumelo-de-paris picado
½ xícara de cogumelo pleurotus picado
300 g de peito de frango cozido e desfiado
¼ de xícara (chá) de vinho branco seco
½ colher (chá) de amido de milho
¾ de xícara (chá) de leite
sal a gosto
½ colher (chá) de gengibre sem casca ralado
1 colher (sopa) de requeijão sem glúten

ARROZ
½ colher (sopa) de azeite de oliva extravirgem
½ cebola sem casca picada
1 dente de alho sem casca picado
⅔ de xícara (120 g) de arroz 7 grãos
sal a gosto
½ xícara (chá) de brócolis picados
½ xícara (chá) de couve-flor picada
½ colher (sopa) de amendoim sem pele picado

PURÊ
300 g de batata cozida descascada e quente
½ colher (sopa) de manteiga
¼ de xícara (chá) de leite
sal a gosto
1 colher (chá) de aveia em flocos finos
½ dente de alho sem casca bem amassado

MODO DE FAZER

FRICASSÉ

Em uma panela, derreta a manteiga e refogue a cebola. Adicione os cogumelos e o frango. Regue com o vinho e deixe cozinhar até os cogumelos murcharem. Dissolva o amido no leite e junte ao refogado, mexendo até engrossar. Acrescente o sal, o gengibre e o requeijão, misture e desligue.

ARROZ

Em uma panela, aqueça o azeite e refogue a cebola até ficar transparente e o alho até dourar. Acrescente o arroz e mexa por 1 minuto. Adicione 2 xícaras de água fervente e o sal. Cozinhe em fogo baixo e com a panela tampada, até a água chegar ao nível do arroz. Junte os brócolis, a couve-flor e continue o cozimento até o arroz ficar macio. Polvilhe com o amendoim, misture e desligue.

PURÊ

Passe a batata ainda quente pelo espremedor de legumes, transfira para uma panela e leve ao fogo baixo. Coloque a manteiga, o leite, o sal e mexa até ficar cremoso. Adicione a aveia e o alho, misture e desligue.

ALMÔNDEGAS DE FRANGO AO MOLHO DE TOMATES E PIMENTÕES

ESCALOPES DE BATATA COM QUEIJO ESTEPE

PURÊ DE CENOURA E ESPINAFRE COM CÚRCUMA

RENDIMENTO: 2 porções

INGREDIENTES

ALMÔNDEGAS

300 g de peito de frango moído
sal a gosto
½ dente de alho sem casca amassado
½ colher (café) de páprica doce
1 colher (café) de salsinha fresca picada
½ colher (chá) de gergelim
½ xícara (chá) de biscoito de polvilho triturado
um fio de óleo
¼ de pimentão verde sem semente cortado em cubos
¼ de pimentão vermelho sem semente cortado em cubos
1 lata de tomate pelado picado

ESCALOPES

2 batatas pequenas cortadas em rodelas grossas
sal a gosto
½ colher (sopa) de manteiga
½ colher (chá) de amido de milho
½ xícara (chá) de leite de coco
½ xícara (chá) de leite
½ colher (café) de páprica doce
50 g de queijo estepe picado
½ colher (chá) de gergelim preto
1 colher (chá) de aveia em flocos

PURÊ

150 g de cenoura sem casca cozida e quente
150 g de espinafre cozido e quente
¼ de xícara (chá) de leite
½ colher (sopa) de manteiga
sal a gosto
½ colher (café) de mostarda em pó
½ colher (café) de cúrcuma em pó

MODO DE FAZER

ALMÔNDEGAS

Em uma tigela, misture bem o frango, o sal, o alho, a páprica, a salsinha, o gergelim e o biscoito de polvilho triturado. Molde bolinhas com a massa de frango e reserve. Em uma panela, aqueça o óleo e refogue os pimentões por 2 minutos, mexendo de vez em quando. Adicione o sal, o tomate pelado e ½ xícara de água fervente. Espere ferver e acrescente as almôndegas. Tampe a panela, cozinhe por 10 minutos, em fogo baixo, e desligue.

ESCALOPES

Espalhe as rodelas de batatas em um refratário pequeno e salpique o sal. Por cima, espalhe pedacinhos de manteiga e reserve. Em uma panela, dissolva o amido no leite de coco e no leite, junte a páprica e metade do queijo estepe. Leve ao fogo até engrossar levemente e derreter o queijo. Despeje essa mistura sobre as batatas, polvilhe com o gergelim preto e a aveia e distribua o restante do queijo estepe. Cubra com papel-alumínio e leve ao forno preaquecido em temperatura média por 30 minutos. Retire o papel-alumínio e asse por mais alguns minutos, até gratinar.

PURÊ

Passe a cenoura ainda quente pelo espremedor de legumes, transfira para uma panela e reserve. Bata no liquidificador o espinafre (espremido com as mãos para retirar a água) e o leite e despeje na panela com a cenoura. Leve ao fogo baixo, coloque a manteiga, o sal e mexa até ficar cremoso. Adicione a mostarda e a cúrcuma, misture e desligue.

FRANGO COM CASTANHA-DO-PARÁ, COENTRO E UVAS-PASSAS

◆

CUSCUZ MARROQUINO COM VEGETAIS

◆

PURÊ DE COUVE-FLOR COM NOZES

RENDIMENTO: 2 porções

INGREDIENTES

FRANGO
300 g de peito de frango cortado em cubos
1 dente de alho sem casca picado
½ colher (sopa) de coentro fresco picado
sal a gosto
1 colher (sopa) de castanha-do-pará sem casca picada
1 colher (sopa) de uvas-passas claras
1 colher (sopa) de azeite de oliva extravirgem

CUSCUZ
½ xícara (chá) de cuscuz marroquino
sal a gosto
½ colher (chá) de mostarda em pó
1 colher (chá) de amaranto em flocos
½ colher (sopa) de azeite de oliva extravirgem
¼ de cebola sem casca picada
½ dente de alho sem casca amassado
½ batata pequena cozida, descascada e cortada em cubos
¼ de cenoura cozida picada
2 colheres (sopa) de uvas-passas escuras
¼ de abobrinha-italiana pequena cozida picada

PURÊ
½ couve-flor pequena cozida
sal a gosto
¼ de xícara (chá) de creme de leite
½ colher (chá) de nozes sem casca picadas

MODO DE FAZER

FRANGO

Em uma tigela, coloque o frango e tempere com o alho, o coentro e o sal. Passe para uma assadeira e espalhe as castanhas-do-pará e as uvas-passas. Regue o frango com o azeite, cubra com papel-alumínio e leve ao forno preaquecido em temperatura média por 20 minutos. Retire o papel-alumínio e deixe dourar.

CUSCUZ

Coloque o cuscuz em uma tigela e despeje ½ xícara de água fervente junto com o sal e a mostarda. Deixe hidratar por 5 minutos ou até que o cuscuz absorva toda a água e fique macio. Solte os grãos com um garfo. Misture o amaranto e reserve. Em uma panela, aqueça o azeite e refogue a cebola até ficar transparente e o alho até dourar. Junte a batata, a cenoura, as uvas-passas, a abobrinha e o sal. Desligue e misture esse refogado ao cuscuz.

PURÊ

Bata no liquidificador a couve-flor com o sal e o creme de leite. Volte para a panela, deixe aquecer, adicione as nozes e desligue.

FRANGO DESFIADO AO LEITE DE COCO

◆

ABOBRINHA COM GENGIBRE E CASTANHA-DO-PARÁ

◆

PURÊ DE BETERRABA COM MANDIOCA

RENDIMENTO: 2 porções

INGREDIENTES

FRANGO
- 1 colher (sopa) de azeite de oliva extravirgem
- ¼ de cebola sem casca picada
- ½ tomate sem pele e sem semente picado
- 1 xícara de peito de frango cozido e desfiado
- ½ xícara (chá) de leite de coco
- uma pitada de noz-moscada ralada na hora
- 1 colher (sopa) de salsinha fresca picada
- sal e pimenta-do-reino a gosto

ABOBRINHA
- ½ colher (sopa) de azeite de oliva extravirgem
- ½ dente de alho sem casca picado
- ½ abobrinha-italiana grande cortada em palitos
- 1 colher (café) de gengibre sem casca ralado
- sal a gosto
- ½ colher (sopa) de salsinha fresca picada
- ½ colher (sopa) de castanha-do--pará picada

PURÊ
- 150 g de beterraba cozida, descascada e quente
- 150 g de mandioca sem casca cozida e quente
- ½ colher (sopa) de manteiga
- ¼ de xícara (chá) de leite
- sal a gosto
- 1 colher (chá) de sementes de girassol torradas

AVES 127

MODO DE FAZER

FRANGO

Em uma panela, aqueça o azeite e frite a cebola. Junte o tomate, o frango, adicione o leite de coco, a noz-moscada, o sal, a pimenta-do-reino e ½ xícara de água. Deixe ferver e secar um pouco a água, até ficar cremoso, acrescente a salsinha picada, mexa e desligue.

ABOBRINHA

Em uma frigideira, aqueça o azeite e frite o alho. Junte a abobrinha, o gengibre, o sal e refogue até que a abobrinha fique *al dente* (macia, mas não mole demais). Polvilhe com a salsinha, a castanha-do-pará e desligue.

PURÊ

Passe a beterraba e a mandioca ainda quentes pelo espremedor de legumes, transfira para uma panela e leve ao fogo baixo. Coloque a manteiga, o leite, o sal e mexa até ficar cremoso. Adicione as sementes de girassol, misture e desligue.

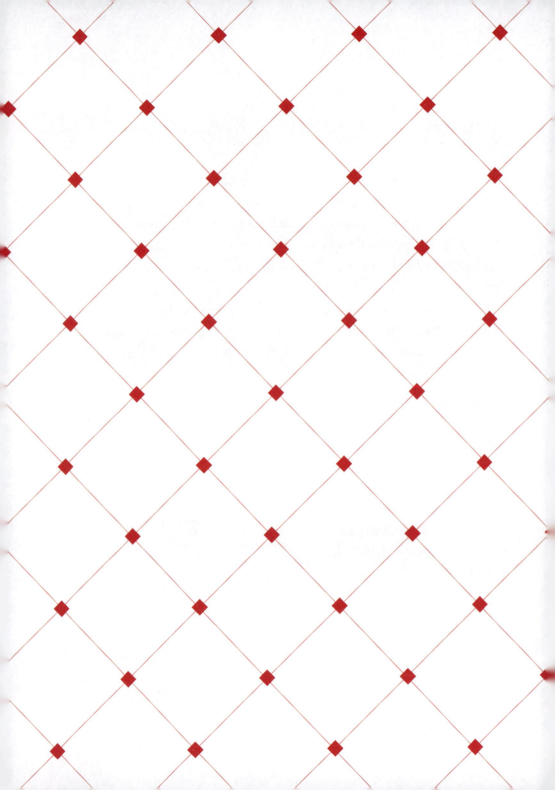

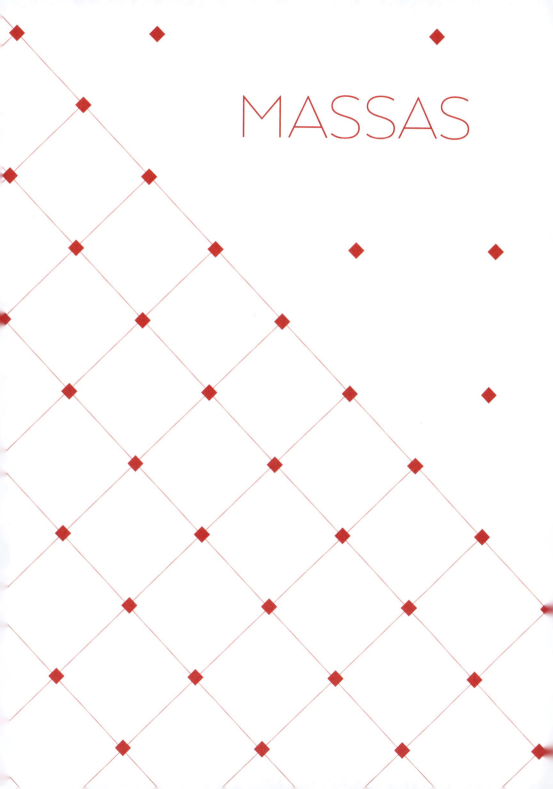

MASSAS

FUSILLI INTEGRAL COM CARNE, ALECRIM E ABÓBORA-JAPONESA ASSADA COM NOZ-MOSCADA

◆

LEGUMES SALTEADOS COM SÁLVIA

◆

PURÊ DE INHAME COM BETERRABA

RENDIMENTO: 2 porções

INGREDIENTES

FUSILLI

½ colher (sopa) de manteiga
⅓ de cebola sem casca picada
½ dente de alho sem casca picado
300 g de iscas de carne (patinho, coxão duro ou coxão mole)
1 colher (chá) de alecrim fresco
2 tomates bem maduros sem pele e sem semente picados
sal e pimenta-do-reino a gosto
200 g de abóbora-japonesa com casca cortada em pedaços
½ colher (café) de noz--moscada ralada na hora
1 colher (sopa) de azeite de oliva extravirgem
300 g de massa de arroz integral tipo fusilli

LEGUMES

2 colheres (chá) de manteiga
1 colher (sopa) de sálvia fresca
½ xícara (chá) de cenoura cozida cortada em rodelas
½ xícara (chá) de couve-flor cozida
sal e pimenta dedo-de-moça picada a gosto

PURÊ

200 g de inhame cozido, descascado e quente
100 g de beterraba cozida, descascada e quente
¼ de xícara (chá) de creme de leite fresco
½ colher (sopa) de manteiga
sal a gosto
½ colher (chá) de chlorella em pó

MODO DE FAZER

FUSILLI
Em uma panela de pressão, derreta a manteiga e refogue a cebola até ficar transparente e o alho até dourar. Junte a carne e frite até começar a dourar. Junte o alecrim, o tomate, o sal, a pimenta-do-reino e 2 xícaras de água fervente. Tampe a panela, deixe pegar pressão, abaixe o fogo e cozinhe por 20 minutos ou até que a carne fique macia e desmanche. Se necessário, acrescente mais água, pois deve formar um molho na panela. Coloque a abóbora em uma assadeira forrada com papel-alumínio, tempere com o sal e a noz-moscada e regue com o azeite. Leve ao forno preaquecido em temperatura média até que a abóbora fique macia. Cozinhe o fusilli em água e sal até que fique *al dente* e escorra. Sirva o fusilli com a carne e a abóbora.

LEGUMES
Em uma panela em fogo baixo, aqueça a manteiga e frite a sálvia até que ela libere o aroma. Adicione os legumes cozidos, o sal e a pimenta. Tampe a panela e deixe aquecer, mexendo de vez em quando.

PURÊ
Passe o inhame e a beterraba ainda quentes pelo espremedor de legumes, transfira para uma panela e leve ao fogo baixo. Adicione o creme de leite fresco, a manteiga, o sal e mexa até ficar cremoso. Acrescente a chlorella, misture e desligue.

LASANHA DE ABOBRINHA COM CARNE, QUEIJO E MANJERICÃO

◆

CUSCUZ MARROQUINO COM VEGETAIS E ERVAS

◆

PURÊ DE MANDIOQUINHA COM SHIMEJI

RENDIMENTO: 2 porções

INGREDIENTES

LASANHA
um fio de óleo
½ cebola branca sem casca ralada
300 g de carne moída
3 xícaras (chá) de caldo de legumes natural
sal a gosto
2 colheres (chá) de folhas de manjericão
200 g de massa para lasanha sem glúten
½ abobrinha cortada em rodelas
1 xícara (chá) de queijo mozarela ralado
1 colher (sopa) de castanha-do-pará picada
½ xícara (chá) de creme de leite
1 colher (sopa) de queijo parmesão ralado

CUSCUZ
1 xícara (chá) de cuscuz marroquino
1 xícara (chá) de caldo de legumes natural
¼ de xícara de vagem cozida picada
¼ de xícara (chá) de cenoura cozida picada
¼ de xícara (chá) de pimentão vermelho e verde cozidos picados
2 colheres (sopa) de uvas-passas escuras hidratadas
1 colher (chá) de folhas de hortelã frescas picadas
1 colher (sopa) de suco de limão-siciliano
1 colher (chá) de tomilho fresco
1 colher (chá) de salsinha fresca picada
1 colher (sopa) de azeitona verde picada
sal a gosto

PURÊ
300 g de mandioquinha cozida, descascada e quente
50 g de shimeji picado
½ colher (sopa) de manteiga
¼ de xícara (chá) de leite
sal a gosto
1 colher (chá) de aveia em flocos finos

MODO DE FAZER

LASANHA

Em uma panela, aqueça o óleo e refogue a cebola e a carne moída até que ela perca a cor vermelha. Adicione o caldo de legumes, o sal e deixe ferver por 3 minutos. Junte o manjericão e desligue. Em um refratário com capacidade para duas porções, coloque um pouco do caldo com a carne, disponha uma camada de massa e espalhe mais caldo. Distribua um pouco de abobrinha e mozarela. Repita as camadas, até terminarem os ingredientes, finalizando com a mozarela. Polvilhe com a castanha-do-pará, espalhe o creme de leite e o parmesão. Cubra com papel-alumínio e leve ao forno preaquecido em temperatura média por 30 minutos. Retire o papel-alumínio, volte ao forno e deixe dourar.

CUSCUZ

Coloque o cuscuz em uma tigela e despeje o caldo fervente. Deixe hidratar por 5 minutos ou até que o cuscuz absorva toda a água e fique macio. Solte os grãos com um garfo. Acrescente a vagem, a cenoura, o pimentão, as uvas-passas, a hortelã, o suco de limão, o tomilho, a salsinha, as azeitonas, o sal e misture.

PURÊ

Passe a mandioquinha ainda quente pelo espremedor de legumes, transfira para uma panela e leve ao fogo baixo. Adicione o shimeji, a manteiga, o leite, o sal e mexa até ficar cremoso. Acrescente a aveia, misture e desligue.

PENNE COM LOMBO

◆

CENOURA AO MEL E TOMILHO

RENDIMENTO: 2 porções

INGREDIENTES

PENNE
um fio de azeite de oliva extravirgem
½ colher (chá) de manteiga
1 dente de alho sem casca picado
300 g de lombo suíno moído
1 folha de sálvia picada
sal e pimenta-do-reino a gosto
1 colher (café) de chia
300 g de massa de arroz integral tipo penne

CENOURA
1 cenoura grande cortada em rodelas finas no sentido diagonal
1 colher (sopa) de azeite de oliva extravirgem
1 colher (chá) de tomilho fresco
1 colher (sopa) de mel
1 colher (sopa) de vinagre de vinho branco
sal e pimenta-do-reino a gosto

MODO DE FAZER

PENNE
Em uma panela, aqueça o azeite com a manteiga e frite o alho. Misture o lombo e refogue até perder a cor rosada. Acrescente a sálvia, o sal, a pimenta-do-reino, a chia e desligue. Cozinhe a massa em água e sal até ficar *al dente*. Escorra e misture ao lombo.

CENOURA
Cozinhe as rodelas de cenoura no vapor até ficarem macias e reserve. À parte, misture o azeite, o tomilho, o mel, o vinagre, o sal e a pimenta-do-reino. Tempere bem as cenouras e sirva com a massa.

PENNE COM RAGU DE CARNE E NOZES

♦

ABÓBORA ASSADA COM ESPECIARIAS

RENDIMENTO: 2 porções

INGREDIENTES

PENNE
½ colher (sopa) de manteiga
⅓ de cebola sem casca picada
½ dente de alho sem casca picado
300 g de iscas de carne (patinho, coxão duro ou coxão mole)
½ colher (café) de orégano
2 tomates bem maduros sem pele e sem semente picados
1 lata de tomate pelado
sal e pimenta-do-reino a gosto
300 g de massa de arroz integral tipo penne
½ colher (sopa) de nozes sem casca picadas

ABÓBORA
200 g de abóbora-japonesa com casca cortada em pedaços
sal a gosto
½ colher (café) de noz-moscada ralada na hora
½ colher (café) de canela em pó
1 colher (chá) de alecrim fresco
1 colher (sopa) de azeite de oliva extravirgem

MODO DE FAZER

PENNE

Em uma panela de pressão, derreta a manteiga e refogue a cebola até ficar transparente e o alho até dourar. Junte a carne e frite até começar a dourar. Junte o orégano, o tomate, o tomate pelado, o sal, a pimenta-do-reino e 2 xícaras de água fervente. Tampe a panela, deixe pegar pressão, abaixe o fogo e cozinhe por 20 minutos ou até que a carne fique macia e desmanche. Se necessário, acrescente mais água, pois deve formar um molho na panela. Cozinhe o penne em água e sal até que fique *al dente* e escorra. Misture o penne com o ragu de carne e adicione as nozes.

ABÓBORA

Coloque a abóbora em uma assadeira forrada com papel-alumínio, polvilhe com o sal, a noz-moscada, a canela e o alecrim e regue com o azeite. Leve ao forno preaquecido em temperatura média até que a abóbora fique macia.

VEGETARIANAS

SHITAKE E SHIMEJI SALTEADOS COM GENGIBRE E AMENDOIM

◆

ARROZ INTEGRAL COM BRÓCOLIS E COUVE

◆

PURÊ DE ABÓBORA COM CÚRCUMA

RENDIMENTO: 2 porções

INGREDIENTES

SHITAKE E SHIMEJI

1 colher (sobremesa) de manteiga
1 colher (sopa) de azeite de oliva extravirgem
200 g de shitake cortado em pedaços grandes
200 g de shimeji cortado em pedaços grandes
2 colheres (sopa) de shoyu sem glúten e low sódio
1 colher (sopa) de gengibre sem casca ralado
½ xícara (50 g) de amendoim sem casca e sem pele torrado
sal a gosto

ARROZ

um fio de óleo
¼ de cebola sem casca picada
½ dente de alho sem casca picado
1 xícara (chá) de arroz integral
sal a gosto
¼ de xícara (chá) de brócolis picados
¼ de xícara (chá) de couve picada

PURÊ

300 g de abóbora cozida e quente
½ colher (sopa) de manteiga
¼ de xícara (chá) de leite
sal a gosto
½ colher (café) de cúrcuma em pó
1 colher (chá) de farinha de semente de uva

MODO DE FAZER

SHITAKE E SHIMEJI

Em uma panela, derreta a manteiga, misture o azeite, acrescente o shitake e o shimeji e mexa por 1 minuto. Adicione o shoyu, o gengibre, o amendoim e o sal. Misture bem e desligue.

ARROZ

Em uma panela, aqueça o óleo e refogue a cebola até ficar transparente e o alho até dourar. Acrescente o arroz e mexa por 1 minuto. Adicione o sal e 2 xícaras de água fervente. Tampe, abaixe o fogo e cozinhe até secar metade da água. Junte os brócolis e continue o cozimento. Quando secar toda a água e o arroz estiver macio, coloque a couve e misture. Tampe a panela novamente, desligue e aguarde 5 minutos antes de servir.

PURÊ

Passe a abóbora ainda quente pelo espremedor de legumes, transfira para uma panela e leve ao fogo baixo. Coloque a manteiga, o leite, o sal e mexa até ficar cremoso. Adicione a cúrcuma e a farinha de uva, misture e desligue.

QUIBE DE ABÓBORA-JAPONESA COM CASTANHA-DO-PARÁ

◆

SALADA DE QUINOA COLORIDA COM AMARANTO

RENDIMENTO: 2 porções

INGREDIENTES

QUIBE

½ xícara (chá) de quinoa cozida
1 xícara de abóbora-japonesa cozida e amassada
¼ de xícara (chá) de castanha-do-pará triturada
sal a gosto
1 colher (chá) de folhas de hortelã picadas
1 colher (chá) de pimenta síria (veja p. 37)
azeite de oliva extravirgem para untar e regar

SALADA

1 xícara (chá) de quinoa mista (vermelha, branca e preta) cozida e fria
1 colher (sopa) de suco de limão
½ colher (sopa) de cebola sem casca picada
sal a gosto
½ colher (sopa) de amaranto em flocos

MODO DE FAZER

QUIBE

Em uma tigela, coloque a quinoa, a abóbora, a castanha-do-pará, o sal, a hortelã e a pimenta síria e misture bem. Disponha a mistura em um refratário untado com azeite, pressionando-a para deixar a superfície bem uniforme. Faça cortes decorativos na superfície e regue com o azeite. Leve ao forno preaquecido em temperatura média por 25 minutos ou até o quibe ficar com a superfície mais firme.

SALADA

Em uma tigela, misture a quinoa, o suco de limão, a cebola, o sal e o amaranto.

HAMBÚRGUER DE BERINJELA E QUINOA

◆

ESPAGUETE DE ABOBRINHA AO MOLHO DE TOMATES FRESCOS E MANJERICÃO

◆

PURÊ DE BATATA COM INHAME E SPIRULINA

RENDIMENTO: 2 porções

INGREDIENTES

HAMBÚRGUER
1 berinjela pequena
½ colher (café) de garam masala
sal a gosto
¼ de cebola sem casca picada
2 colheres (sopa) de azeite de oliva extravirgem
1 colher (sopa) de redução de vinagre balsâmico
3 colheres (sopa) (30 g) de quinoa cozida
1 inhame pequeno cozido, descascado e amassado
1 colher (sopa) de psyllium

ESPAGUETE
1 colher (sopa) de azeite de oliva extravirgem
2 tomates maduros sem pele e sem semente picados
sal e pimenta-do-reino a gosto
1 colher (chá) de folhas de manjericão
1 abobrinha-italiana média

PURÊ
150 g de inhame cozido, descascado e quente
150 g de batata cozida, descascada e quente
½ colher (sopa) de manteiga
¼ de xícara (chá) de leite
sal a gosto
1 colher (café) de spirulina

O GARAM MASALA É A PRINCIPAL MISTURA DE ESPECIARIAS DA CULINÁRIA DO NORTE DA ÍNDIA, PREPARADA EM GERAL COM PARTES IGUAIS DE COMINHO, SEMENTES DE COENTRO, CRAVO, CARDAMOMO, CANELA, LOURO, MACIS (CASCA DA NOZ-MOSCADA) E PIMENTA-DO-REINO; ESSES INGREDIENTES SÃO SECOS, TORRADOS E DEPOIS MOÍDOS.

PARA FAZER A REDUÇÃO DE VINAGRE BALSÂMICO EM CASA, COLOQUE 1 XÍCARA DE VINAGRE BALSÂMICO EM UMA PANELA. COZINHE EM FOGO ALTO ATÉ FERVER. ENTÃO REDUZA O FOGO, ADICIONE 2 COLHERES DE AÇÚCAR E MISTURE BEM ATÉ DISSOLVER. CONTINUE MEXENDO. A REDUÇÃO ESTARÁ PRONTA QUANDO VOCÊ RASPAR A PANELA E CONSEGUIR VER O FUNDO SEM QUE O LÍQUIDO VOLTE A COBRI-LO IMEDIATAMENTE.

MODO DE FAZER

HAMBÚRGUER

Corte a berinjela em fatias grossas e coloque-as em uma assadeira. Tempere-as com o garam masala, o sal, a cebola e regue tudo com o azeite e a redução de vinagre balsâmico. Leve ao forno preaquecido em temperatura alta por 30 minutos, até que a berinjela esteja bem macia. Bata tudo no liquidificador até obter um purê. Despeje em uma tigela e aguarde esfriar. Adicione a quinoa, o inhame amassado, e o psyllium. Tempere com mais sal, se necessário. Misture bem e reserve na geladeira por 1 hora. Molde os hambúrgueres e grelhe em uma frigideira antiaderente.

ESPAGUETE

Em uma panela, coloque o azeite e refogue o tomate. Tempere com o sal e a pimenta-do-reino. Junte 1 xícara de água e cozinhe em fogo baixo até o tomate desmanchar um pouco e formar o molho. Reserve. Em uma máquina manual de fazer macarrão de legumes, coloque a abobrinha e faça o espaguete. Mergulhe o espaguete de abobrinha por 30 segundos na água fervente e escorra. Misture a abobrinha com o molho de tomate, adicione as folhas de majericão e sirva.

PURÊ

Passe o inhame e a batata ainda quentes pelo espremedor de legumes, transfira para uma panela e leve ao fogo baixo. Coloque a manteiga, o leite, o sal e mexa até ficar cremoso. Adicione a spirulina, misture e desligue.

ESPAGUETE DE PALMITO, ABOBRINHA E CENOURA COM AZEITE DE ERVAS

◆

SALADA DE CEVADA, TRIGO E ARROZ VERMELHO

RENDIMENTO: 2 porções

INGREDIENTES

ESPAGUETE
100 g de pupunha cortada como espaguete
1 abobrinha-italiana média cortada como espaguete
1 cenoura média sem casca cortada como espaguete
sal e pimenta-do-reino branca a gosto
3 colheres (sopa) de azeite de oliva extravirgem
½ colher (chá) de tomilho fresco
½ colher (chá) de manjerona fresca
½ colher (chá) de segurelha fresca

SALADA
½ xícara de cevada cozida
½ xícara de trigo em grãos cozido
½ xícara de arroz vermelho cozido
1 colher (sopa) de suco de limão
sal a gosto
1 colher (sopa) de cebolinha picada
uma pitada de cardamomo em pó
2 colheres (chá) de óleo de coco

MODO DE FAZER

ESPAGUETE

Cozinhe a pupunha, a abobrinha e a cenoura por 1 minuto em água fervente e sal. Retire e coloque em água gelada para parar o cozimento. Escorra e reserve. Em uma frigideira, aqueça o azeite em fogo baixo e acrescente as ervas. Quando soltar o aroma das ervas, adicione o espaguete de legumes, tempere com sal e pimenta-do-reino branca, deixe aquecer e desligue.

SALADA

Em uma tigela, misture a cevada, o trigo, o arroz, o suco de limão, o sal, a cebolinha, o cardamomo e o óleo de coco.

BERINJELA GRELHADA COM ERVAS E TOMATINHO CONFITADO

QUIBE DE VEGETAIS

RENDIMENTO: 2 porções

INGREDIENTES

BERINJELA

1 berinjela média
sal a gosto
6 colheres (sopa) de azeite de oliva extravirgem
1 xícara (chá) de tomates-cereja
½ colher (chá) de açúcar
uma pitada de cominho em pó
1 colher (chá) de ervas de Provence (veja p. 87)

QUIBE

⅓ de xícara (chá) de abobrinha ralada fino
⅓ de xícara (chá) de vagem triturada
⅓ de xícara (chá) de cenoura ralada fino
⅓ de xícara (chá) de castanha-do-pará triturada
1 xícara (chá) de quinoa cozida
1 colher (chá) de manjericão picado
½ dente de alho sem casca picado
½ colher (chá) de dill picado
sal a gosto
azeite de oliva extravirgem para untar e regar

MODO DE FAZER

BERINJELA

Corte a berinjela longitudinalmente em fatias, coloque em uma peneira, polvilhe com o sal e deixe descansar por 20 minutos. Seque as fatias de berinjela com papel-toalha e grelhe-as em uma frigideira quente com 2 colheres (sopa) do azeite até dourar dos dois lados. Em uma assadeira pequena, coloque os tomates-cereja, o açúcar e o cominho e misture. Regue com o azeite restante, tempere com o sal e leve ao forno preaquecido em temperatura média-alta por 20 minutos. Arrume as berinjelas em uma travessa, polvilhe com as ervas de Provence e espalhe os tomatinhos por cima.

QUIBE

Em uma tigela, misture a abobrinha, a vagem, a cenoura, a castanha, a quinoa, o manjericão, o alho, o dill e o sal. Amasse bem e passe para uma forma refratária untada com azeite. Aperte bem no refratário e regue a massa com o azeite. Leve ao forno preaquecido em temperatura média por 30 minutos.

MOQUECA DE COGUMELOS E PALMITO FRESCO

◆

ARROZ DE COCO

◆

PURÊ DE BANANA-DA-TERRA COM CASTANHA-DO-PARÁ

RENDIMENTO: 2 porções

INGREDIENTES

MOQUECA

75 g de shimeji
75 g de shitakes inteiros
75 g de cogumelos-de-paris inteiros
¼ de pimentão verde sem semente cortado em rodelas
¼ de pimentão vermelho sem semente cortado em rodelas
¼ de pimentão amarelo sem semente cortado em rodelas
½ tomate pequeno cortado em rodelas
⅓ de cebola roxa pequena sem casca cortada em rodelas
75 g de palmito fresco picado
coentro fresco picado a gosto
cebolinha picada a gosto
sal a gosto
½ xícara (chá) de leite de coco
1 colher (chá) de linhaça recém-triturada
½ colher (sopa) de azeite de oliva extravirgem

ARROZ

um fio de azeite de oliva extravirgem
⅓ de cebola sem casca picada
½ dente de alho sem casca picado
1 xícara (chá) de arroz integral
20 g de coco ralado fresco
¼ de xícara (chá) de leite de coco
sal a gosto

PURÊ

2 bananas-da-terra sem casca cortadas em rodelas
½ colher (sopa) de manteiga
⅔ de xícara (chá) de leite
sal a gosto
½ colher (chá) de folhas de hortelã picadas
1 colher (chá) de castanha-do-pará triturada

MODO DE FAZER

MOQUECA
Em uma panela, intercale camadas de cogumelos, pimentões, tomate, cebola, palmito, coentro e cebolinha, polvilhando com um pouco de sal entre as camadas. Por cima de tudo, despeje o leite de coco, tampe a panela e leve ao fogo baixo até que todos os ingredientes fiquem macios. Antes de desligar o fogo, prove o sal, polvilhe com a linhaça e regue com o azeite. Deixe mais 30 segundos e desligue.

ARROZ
Em uma panela, aqueça o azeite e refogue a cebola até ficar transparente e o alho até dourar. Acrescente o arroz e mexa por 1 minuto. Adicione o coco ralado, o leite de coco, 2 xícaras de água fervente e o sal. Tampe, abaixe o fogo e cozinhe até a água secar e o arroz ficar macio.

PURÊ
Coloque as bananas em uma panela, cubra com água e cozinhe em fogo alto por 10 minutos, até ficarem macias. Escorra, transfira para o processador e bata até formar um purê. Adicione a manteiga, o leite e o sal. Retire do processador e misture a hortelã e a castanha-do-pará. Sirva ainda quente.

SHITAKE SALTEADO COM GENGIBRE E ANIS

◆

ARROZ À GREGA COM LARANJA E SEMENTES DE GIRASSOL

◆

PURÊ DE GRÃO-DE-BICO COM AVEIA

RENDIMENTO: 2 porções

INGREDIENTES

SHITAKE
½ colher (sopa) de manteiga
½ colher (sopa) de azeite de oliva extravirgem
300 g de shitake cortado em pedaços grandes
1 colher (sopa) de shoyu sem glúten e low sódio
1 colher (café) de gengibre sem casca ralado
1 pedaço de anis-estrelado
½ colher (sopa) de cebolinha picada
sal a gosto

ARROZ
½ colher (sopa) de azeite de oliva extravirgem
1 colher (sopa) de cebola sem casca picada
½ dente de alho sem casca amassado
⅓ de xícara (chá) de ervilha fresca
⅓ de xícara (chá) de cenoura sem casca picada
1 colher (sopa) de vagem picada
2 colheres (sopa) de pimentão vermelho picado
1 xícara (chá) de arroz integral
sal a gosto
1 xícara (chá) de suco de laranja natural
½ colher (sopa) de semente de girassol torrada
½ colher (sopa) de manteiga derretida

PURÊ
300 g de grão-de-bico cozido, escorrido e quente
½ xícara (chá) de leite
½ colher (sopa) de manteiga
sal a gosto
uma pitada pequena de cravo-da-índia em pó
1 colher (chá) de aveia em flocos

MODO DE FAZER

SHITAKE

Aqueça uma panela, derreta a manteiga, misture o azeite, acrescente o shitake e mexa por 1 minuto. Adicione o shoyu, o gengibre, o anis e a cebolinha. Tempere com o sal, misture bem e desligue.

ARROZ

Em uma panela, aqueça o azeite e refogue a cebola até ficar transparente e o alho até dourar. Junte a ervilha, a cenoura, a vagem, o pimentão, o arroz e refogue por 1 minuto. Adicione o sal, o suco de laranja e 1¼ de xícara de água fervente. Abaixe o fogo e cozinhe, com a panela tampada, até secar todo o líquido e o arroz ficar macio. Desligue. Espalhe as sementes de girassol sobre o arroz, regue com a manteiga e deixe descansar por 5 minutos antes de servir.

PURÊ

Bata o grão-de-bico ainda quente no liquidificador com o leite. Despeje a mistura em uma panela e leve ao fogo baixo. Acrescente a manteiga, o sal, o cravo e mexa até ficar cremoso. Adicione a aveia, misture e desligue.

ALIMENTOS FUNCIONAIS E SUPERALIMENTOS

◆ ALIMENTO FUNCIONAL VERSÁTIL ◆

Todas as medidas abaixo estão expressas em colheres de sopa.

4 colheres de farinha de linhaça
4 colheres de farelo de aveia
4 colheres de chia
3 colheres de extrato de soja orgânica em pó
4 colheres de quinoa em flocos
3 colheres de gergelim
2 colheres de cúrcuma em pó
1 colher de cacau em pó
1 colher de levedura de cerveja em pó
1 colher de farinha de maracujá
1 colher de mamão seco picado
1 colher de abacaxi seco picado
1 colher de maçã seca picada
1 colher de banana seca picada
1 colher de chlorella em pó
1 colher de spirulina em pó

Misture muito bem todos os ingredientes. Armazene em pote de vidro bem fechado, em local seco e arejado. Use 3 colheres (sopa) da mistura em sucos, iogurtes, leite, vitaminas ou sobre frutas frescas picadas.

◆ ALIMENTO FUNCIONAL EM PÓ ◆

Todas as medidas abaixo estão expressas em colheres de sopa.

4 colheres de farinha de linhaça
4 colheres de farelo de aveia
4 colheres de chia
3 colheres de extrato de soja orgânica em pó
3 colheres de quinoa em flocos
3 colheres de gergelim
2 colheres de cúrcuma em pó
1 colher de cacau em pó
1 colher de levedura de cerveja em pó
1 colher de farinha de maracujá
1 colher de chlorella em pó
1 colher de spirulina em pó

Misture muito bem todos os ingredientes. Armazene em pote de vidro bem fechado, em local seco e arejado. Adicione pitadas do alimento em pó em purês, sopas ou saladas.

◆ SUCO VERDE ◆

Versátil, o suco verde pode ser consumido tanto ao despertar como no lanche da tarde ou à noite, antes de dormir. Mas atenção: o ideal é preparar e tomar em seguida, para que ele não perca suas propriedades nutritivas.

uma ou duas folhas de couve picadas
1 maçã pequena com casca cortada em pedaços
1 colher (café) de gengibre ralado
½ pepino com casca e com semente
1 xícara (200 ml) de água gelada
suco de 1 limão

Bata todos os ingredientes no liquidificador até ficar um suco uniforme. De preferência, beba-o sem coar e adoçar, pois a maçã já confere um toque doce à bebida.

ALGUMAS DICAS DA NUTRICIONISTA JOICE AMARO PARA INCREMENTAR SEU SUCO:

- Você pode deixá-lo mais nutritivo, adicionando sementes de chia e linhaça, que são ricas em ômega 3. Sementes de girassol e abóbora, por sua vez, acrescentarão vitaminas e minerais como vitamina E, magnésio e zinco.
- Melhore sua imunidade, acrescentando inhame (sempre de-molhado por pelo menos 6 horas), abacate e espinafre. Tenha

sempre uma fruta cítrica como limão, laranja, tangerina, kiwi ou acerola como segunda opção.
- Para variar no sabor, alterne as frutas – use abacaxi, melão, carambola, maracujá e melancia. Acrescente ervas como hortelã ou salsinha. Verduras como pepino e aipo também dão leveza e frescor ao suco. Trocar a água gelada por água de coco, igualmente gelada, é outra boa forma de variar o sabor.

◆ OS SUPERALIMENTOS ◆

Há várias listas de *superfoods*. Na nossa lista, usamos como referência o blog da Harvard Health Publishing (divisão da Escola de Medicina Harvard para educação em saúde) e o *Guia Alimentar para a População Brasileira*, publicado pelo Ministério da Saúde brasileiro.

ABACATE: sua gordura é saudável, o ácido oleico é antiviral, antifúngico e ajuda a absorver outros nutrientes. Possui vitaminas A, C, E, K e minerais. O abacate tem mais potássio do que a banana.

AÇAÍ: importante fonte de energia, rico em vitamina C e fibras; contém ainda cálcio, ferro e potássio.

ALECRIM: tem propriedades diuréticas, digestivas e antidepressivas; por ser estimulante, é conhecido como "a erva da felicidade" ou "a erva da alegria".

AZEITE DE OLIVA EXTRAVIRGEM: fonte de vitamina E, polifenóis e ácidos graxos monoinsaturados.

CACAU: considerado "o alimento dos deuses". Além de ser um dos alimentos mais ricos em magnésio, é também rico em antioxidantes poderosos e em compostos como a anandamida e teobromina, de efeito estimulante.

CHIA: concentra vários nutrientes, como ômega-3, fósforo, cálcio, fibras, manganês e proteínas.

CHLORELLA: é uma alga com grande concentração de clorofila. Contém alto teor de proteína e vitamina B12 e inúmeros minerais, como ferro, cálcio, zinco.

COENTRO: tem propriedades diuréticas e antimicrobianas.

CRUCÍFERAS: repolho, couve-flor, couve, mostarda e couve-de-bruxelas são fonte de fibras, vitaminas e antioxidantes. Destaque para os brócolis, ricos em sulforafano, um poderoso composto antioxidante.

CÚRCUMA OU AÇAFRÃO-DA-TERRA: contém curcumina e nutrientes essenciais, como potássio, sódio, cálcio, ferro, cobre, magnésio e zinco. Tem propriedades anti-inflamatórias, antibacterianas e antivirais.

FOLHAS VERDE-ESCURAS: couve, espinafre, acelga e mostarda são fontes de vitamina A, C e cálcio, bem como de vários fitoquímicos (produtos químicos produzidos por plantas que têm efeito positivo na saúde), além de adicionarem fibras à dieta.

GENGIBRE: poderoso anti-inflamatório e antioxidante, de ação termogênica, além de ser composto por vitamina B6, potássio, magnésio e cobre.

IOGURTE (sem frutas e sem açúcar): fonte de cálcio e proteína; contém culturas vivas chamadas probióticos, as bactérias boas, que protegem o corpo das bactérias prejudiciais.

LEGUMINOSAS: feijão-preto, feijão-vermelho, grão-de-bico, ervilha e lentilha são fontes de fibra, ácido fólico (vitamina B9), ferro e proteína vegetal.

LINHAÇA: dourada ou marrom, é ótima fonte vegetal de ômega-3, que estimula o sistema imunológico e tem ação anti-inflamatória. Deve ser triturada, pois se for consumida inteira não é digerida pelo intestino.

MAÇÃ: o antigo ditado popular inglês "*An apple a day keeps the doctor away*" ("Uma maçã por dia mantém o médico longe") pode ser explicado pela grande quantidade de quercetina, um importante agente antioxidante e anti-inflamatório, presente nessa fruta.

NOZ-MOSCADA: tem propriedades digestivas, diuréticas e anti-inflamatórias gastrointestinais.

OLEAGINOSAS: nozes, amêndoas, avelãs e amendoim são uma boa fonte de proteína vegetal e gorduras monoinsaturadas, com destaque para a castanha-do-pará, rica em selênio (um poderoso antioxidante), magnésio, fósforo, zinco e vitamina B1.

PÁPRICA DOCE OU PICANTE: feita de pimentão vermelho ou amarelo, é fonte de vitamina C, carotenoides e capsaicina, de propriedades anti-inflamatórias.

PEIXES: podem ser uma boa fonte de proteínas e ácidos graxos. Os peixes com maior teor de ômega-3 são salmão, anchova, atum, cavala, arenque, truta e sardinha.

PIMENTA-DE-CAIENA: considerada "a rainha das pimentas", é fonte de vitaminas A, C e K.

PSYLLIUM: obtido a partir da semente da planta *Plantago ovata*, é uma fibra que absorve água e tem a capacidade de limpar as paredes do intestino e estimular seus movimentos.

SALSINHA: é ótima fonte de vitamina K, importante para a coagulação sanguínea saudável e para o fortalecimento dos ossos.

SPIRULINA: microalga unicelular em formato de espiral, é considerada um dos alimentos mais perfeitos da natureza. É rica em ferro, cálcio, betacaroteno, diversos minerais, vitaminas do complexo

B, óleos anti-inflamatórios e diversos antioxidantes. Para a Organização Mundial da Saúde (OMS), é o mais rico alimento vegetal, por possuir a mais alta concentração de nutrientes por caloria. Tem a capacidade de realizar amplas funções nutricionais, por isso foi escolhida pela NASA como alimento essencial na dieta dos astronautas.

VINHO E UVAS VERMELHAS: contêm o anti-inflamatório resveratrol (micronutriente de polifenóis).

◆ ÍNDICE ALFABÉTICO ◆

Abóbora assada com
    especiarias 144
Abobrinha com gengibre
    e castanha-do-pará 126
Alimento funcional em pó 183
Alimento funcional versátil 181
Almôndegas assadas com
    castanha-de-caju 84
Almôndegas de frango ao molho
    de tomates e pimentões 118
Arroz 7 grãos com brócolis
    e couve-flor 114
Arroz 7 grãos com cenoura 42
Arroz 7 grãos com cenoura
    e cúrcuma 64
Arroz à grega com laranja
    e sementes de girassol 174
Arroz cateto com espinafre 50
Arroz cateto com vermelho
    integral e alho-poró 98
Arroz com funghi e pistache 76
Arroz com gergelim 46
Arroz de coco 170

Arroz integral com açafrão
    e páprica 102
Arroz integral com brócolis
    e couve 150
Arroz integral com espinafre
    e brócolis 38
Arroz integral com páprica 60
Arroz vermelho 56
Arroz vermelho com gergelim
    preto e castanha-do-pará 88
Arroz vermelho com pimentão
    amarelo 92
Batata com estragão 68
Batata-doce assada com
    pimenta síria 34
Berinjela grelhada com ervas
    e tomatinho confitado 166
Berinjela recheada de carne moída
    com especiarias 64
Carne indiana 92
Cenoura ao mel e tomilho 140
Cubos de filé-mignon ao molho
    rosé 80

Cuscuz marroquino
   com vegetais 122
Cuscuz marroquino com vegetais
   e ervas 136
Escalopes de batata com queijo
   estepe 118
Espaguete de abobrinha
   ao molho de tomates frescos
   e manjericão 158
Espaguete de palmito, abobrinha e
   cenoura com azeite de ervas .. 162
Espetinho de frango com alho-poró
   e pimentão 110
Filé de peixe ao molho
   de maracujá 46
Frango ao molho de laranja, curry
   e gergelim 98
Frango com castanha-do-pará,
   coentro e uvas-passas 122
Frango com cenoura, especiarias
   e sementes de abóbora 106
Frango desfiado ao leite
   de coco 126
Fricassé de frango com cogumelos
   frescos 114
Fusilli integral com carne, alecrim
   e abóbora-japonesa assada
   com noz-moscada 132

Gratinado de carne moída
   e palmito 76
Hambúrguer de berinjela
   e quinoa 158
Kafta de carne 60
Lasanha de abobrinha com carne,
   queijo e manjericão 136
Legumes salteados com sálvia .. 132
Moqueca de cogumelos
   e palmito fresco 170
Penne com berinjela e mozarela
   de búfala 84
Penne com lombo 140
Penne com ragu de carne
   e nozes 144
Pescada ao forno com tomate 42
Picadinho de carne 72
Picadinho de carne com cenoura
   e abóbora-japonesa assadas
   com especiarias 56
Polenta com nozes 106
Purê de abóbora com cenoura
   e amaranto 88
Purê de abóbora com cúrcuma .. 150
Purê de banana-da-terra com
   castanha-do-pará 170
Purê de banana-da-terra
   e batata-doce com aveia 110

Purê de batata com alho 114
Purê de batata com amaranto 98
Purê de batata com banana-da-
-terra e páprica doce 72
Purê de batata com chia 38
Purê de batata com grãos
de quinoa e chia 60, 102
Purê de batata com inhame
e spirulina 158
Purê de batata com psyllium 56
Purê de beterraba com
mandioca 126
Purê de cará com avelã 50
Purê de cará com beterraba 80
Purê de cará com estragão 42
Purê de cenoura e espinafre
com cúrcuma 118
Purê de couve-flor com nozes 122
Purê de ervilha com abóbora 68
Purê de ervilha e aveia 64
Purê de espinafre com mandioca . 76
Purê de grão-de-bico com aveia .. 174
Purê de inhame com beterraba ... 132
Purê de mandioca com batata
e aveia 92
Purê de mandioca com shitake ... 46
Purê de mandioquinha
com shimeji 136

Quibe de abóbora-japonesa
com castanha-do-pará 154
Quibe de vegetais 166
Quibe sem glúten 88
Quinoa colorida com óleo
de coco 110
Refogado de cenoura e vagem 72
Refogado de palmito
com escarola 80
Saint peter ao molho de palmito .. 34
Saint peter grelhado ao molho
de limão 38
Salada de cevada, trigo e arroz
vermelho 162
Salada de quinoa colorida
com amaranto 154
Salmão com molho de frutas
cítricas e ervas frescas 50
Shimeji e shitake com canela 34
Shitake e shimeji salteados com
gengibre e amendoim 150
Shitake salteado com gengibre
e anis 174
Strogonoff de frango 102
Tiras de filé-mignon com molho
de hortelã e iogurte 68

◆ ÍNDICE POR TIPO DE PRATO ◆

PRATOS PRINCIPAIS

Almôndegas assadas com castanha-de-caju 84
Almôndegas de frango ao molho de tomates e pimentões 118
Berinjela grelhada com ervas e tomatinho confitado 166
Berinjela recheada de carne moída com especiarias 64
Carne indiana 92
Cubos de filé-mignon ao molho rosé 80
Espaguete de palmito, abobrinha e cenoura com azeite de ervas 162
Espetinho de frango com alho-poró e pimentão 110
Filé de peixe ao molho de maracujá 46
Frango ao molho de laranja, curry e gergelim 98
Frango com castanha-do-pará, coentro e uvas-passas 122
Frango com cenoura, especiarias e sementes de abóbora 106
Frango desfiado ao leite de coco 126
Fricassé de frango com cogumelos frescos 114
Fusilli integral com carne, alecrim e abóbora-japonesa assada com noz-moscada ... 132
Gratinado de carne moída e palmito 76
Hambúrguer de berinjela e quinoa 158
Kafta de carne 60
Lasanha de abobrinha com carne, queijo e manjericão 136
Moqueca de cogumelos e palmito fresco 170
Penne com lombo 140
Penne com ragu de carne e nozes 144
Pescada ao forno com tomate 42
Picadinho de carne 72

Picadinho de carne com cenoura e abóbora-japonesa assadas com especiarias 56
Quibe de abóbora-japonesa com castanha-do-pará 154
Quibe sem glúten 88
Saint peter ao molho de palmito .. 34
Saint peter grelhado ao molho de limão 38
Salmão com molho de frutas cítricas e ervas frescas 50
Shitake e shimeji salteados com gengibre e amendoim 150
Shitake salteado com gengibre e anis 174
Strogonoff de frango 102
Tiras de filé-mignon com molho de hortelã e iogurte 68

ACOMPANHAMENTOS

Abóbora assada com especiarias 144
Abobrinha com gengibre e castanha-do-pará 126
Alimento funcional em pó 183
Alimento funcional versátil 181
Arroz 7 grãos com brócolis e couve-flor 114
Arroz 7 grãos com cenoura 42
Arroz 7 grãos com cenoura e cúrcuma 64
Arroz à grega com laranja e sementes de girassol 174
Arroz cateto com espinafre 50
Arroz cateto com vermelho integral e alho-poró 98
Arroz com funghi e pistache 76
Arroz com gergelim 46
Arroz de coco 170
Arroz integral com açafrão e páprica 102
Arroz integral com brócolis e couve 150
Arroz integral com espinafre e brócolis 38
Arroz integral com páprica 60
Arroz vermelho 56
Arroz vermelho com gergelim preto e castanha-do-pará 88
Arroz vermelho com pimentão amarelo 92
Batata com estragão 68
Batata-doce assada com pimenta síria 34
Cenoura ao mel e tomilho 140

Cuscuz marroquino com vegetais 122
Cuscuz marroquino com vegetais e ervas 136
Escalopes de batata com queijo estepe 118
Espaguete de abobrinha ao molho de tomates frescos e manjericão 158
Legumes salteados com sálvia .. 132
Penne com berinjela e mozarela de búfala 84
Polenta com nozes 106
Purê de abóbora com cenoura e amaranto 88
Purê de abóbora com cúrcuma 150
Purê de banana-da-terra com castanha-do-pará 170
Purê de banana-da-terra e batata-doce com aveia 110
Purê de batata com alho 114
Purê de batata com amaranto 98
Purê de batata com banana-da--terra e páprica doce 72
Purê de batata com chia 38
Purê de batata com grãos de quinoa e chia 60, 102

Purê de batata com inhame e spirulina 158
Purê de batata com psyllium 56
Purê de beterraba com mandioca 126
Purê de cará com avelã 50
Purê de cará com beterraba 80
Purê de cará com estragão 42
Purê de cenoura e espinafre com cúrcuma 118
Purê de couve-flor com nozes ... 122
Purê de ervilha com abóbora 68
Purê de ervilha e aveia 64
Purê de espinafre com mandioca 76
Purê de grão-de-bico com aveia 174
Purê de inhame com beterraba 132
Purê de mandioca com batata e aveia 92
Purê de mandioca com shitake 46
Purê de mandioquinha com shimeji 136
Quibe de vegetais 166
Quinoa colorida com óleo de coco 110
Refogado de cenoura e vagem 72

ÍNDICE POR TIPO DE PRATO 197

Refogado de palmito
    com escarola 80
Salada de cevada, trigo e arroz
    vermelho 162
Salada de quinoa colorida com
    amaranto 154
Shimeji e shitake com canela 34

◆ AGRADECIMENTOS ◆

Como todo livro, este é resultado de um processo que envolve muitos profissionais e pessoas queridas. Assim, é justo marcar esses fundamentais agradecimentos, começando pelo parceiro nutrólogo dr. Alexander, que assina comigo este trabalho. Agradeço ao chef Fernando Kamide, à jornalista Clau Gavioli e à chef Luciana Rocha; à Rita Boccato, pelas pesquisas técnicas e revisão, e às nutricionistas Aline Leitão, Bianca Bicrotti e Angélica Dell'Agnolo, pelas importantes contribuições e sugestões. Agradeço ainda, é claro, a minha equipe que me auxiliou na preparação e registro dos pratos, que conta com as fotos de Cristiano Lopes e a produção de Airton Pacheco.

Por fim, nada seria publicado sem a confiança e carinho da equipe da Editora Nacional: Juliana Ida, Ricardo Lelis, Luiza Del Monaco e Jorge Yunes, meu muito obrigado!

Reitero que agradeço antecipadamente aos leitores que me retornarem pelas redes sociais, no Instagram por meio de meu perfil @andreboccato, ou pelo e-mail chefsaude@gmail.com.br, endereço eletrônico por onde também coordeno a distribuição de meus kits saudáveis de pratos prontos.

Este livro foi publicado em Maio de 2021, pela Editora Nacional.
Impressão e acabamento pela Gráfica Pifferprint.